Gestão do Desempenho Integrando Avaliação e Competências com o Balanced Scorecard

Integração dos instrumentos da gestão do desempenho humano com as estratégias empresariais

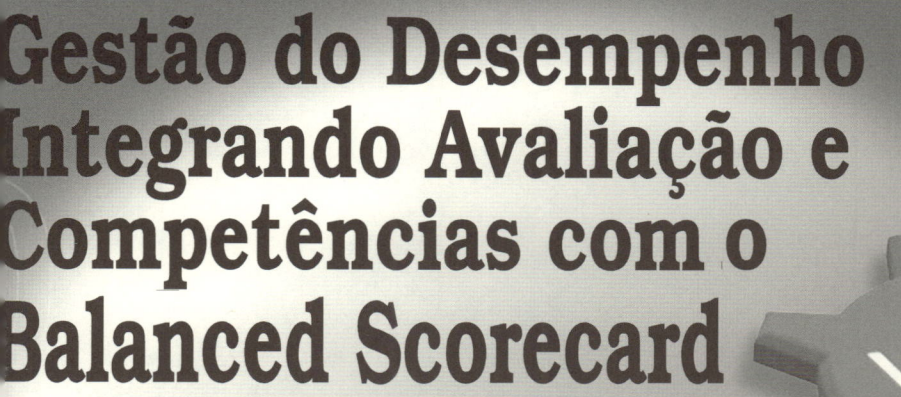

Copyright© 2015 by Rogerio Leme e Marcia Vespa

Todos os direitos desta edição reservados à Qualitymark Editora Ltda.
É proibida a duplicação ou reprodução deste volume, ou parte do mesmo,
sob qualquer meio, sem autorização expressa da Editora.

Direção Editorial	Produção Editorial
SAIDUL RAHMAN MAHOMED editor@qualitymark.com.br	EQUIPE QUALITYMARK

Capa	
RENATO MARTINS Artes & Artistas	Editoração Eletrônica
	EDEL

1ª Edição	1ª Reimpressão: 2012
2009	2ª Reimpressão: 2015

CIP-Brasil. Catalogação-na-fonte
Sindicato Nacional dos Editores de Livros, RJ

L566g

    Leme, Rogerio
    Gestão do desempenho integrando avaliação e competências com o balanced scorecard: guia para integração dos instrumentos de avaliação de competências, avaliação de desempenho e de estratégia empresarial com o BSC / Rogerio Leme e Marcia Vespa. – Rio de Janeiro : Qualitymark Editora, 2015.
    184p.

Inclui bibliografia
ISBN 978-85-7303-814-9

    1. Administração de pessoal. 2. Desempenho. I. Vespa, Marcia. II. Título.

08-2910   CDD 658.3125
                                                                                      CDU 658.311.084.3

2015
IMPRESSO NO BRASIL

Qualitymark Editora Ltda. Rua Teixeira Júnior, 441 São Cristóvão 20921-405 – Rio de Janeiro – RJ Tels.: (21) 3295-9800	Fax: (21) 3295-9824 www.qualitymark.com.br E-Mail: quality@qualitymark.com.br QualityPhone: 0800-0263311

Agradecimentos de Rogerio Leme

Agradeço a Deus que me dá tudo que tenho. A cada dia, sinto-me mais endividado por tudo que Ele me proporciona, e uma forma que tento amenizar minha dívida é compartilhar o que eu aprendi.

À equipe da Leme Consultoria, sem exceção de ninguém, pois o que conquistei tem a participação de cada um de vocês. Em especial, ao leal amigo Elsimar, diretor de Tecnologia, que doze anos atrás acreditou em um sonho que se transformou em realidade.

À Marcia Vespa, por sua amizade, pelo seu profissionalismo, pelo prefácio e pela sua participação especial neste livro.

Aos meus amigos da Qualitymark, José Carlos Leal, Marcos, a todos, em especial ao meu editor Mahomed, que um dia acreditou em uma idéia que se transformou em meu primeiro livro, e que continuou acreditando, fazendo deste meu quinto livro. Tenho orgulho de fazer parte da família Qualitymark.

Aos meus amigos Willyans Coelho e Patrícia Bispo do RH.com.br.

À grande amiga Paula Falcão.

Ao amigo e parceiro Romeu Huczok.

Aos meus clientes e parceiros.

A todos que contribuíram e contribuem para o desenvolvimento de meus trabalhos.

Obrigado de coração. Vocês são especiais em minha vida.

Agradecimentos de Marcia Vespa

Agradeço, acima de tudo, a Deus pela sua companhia, sua orientação, por ter me ajudado a materializar as suas palavras em comportamentos no dia-a-dia.

Ao meu grande amor e marido, Newton Martins, companheiro, amante, amigo, por ter me apoiado e incentivado a manter a minha crença de que trabalho é sinônimo de felicidade, de paixão.

Agradeço à minha filha, Talyta Stella, minha maior riqueza, por fazer-me sentir importante todos os dias.

Agradeço à Rose, minha secretária do lar, por tomar a frente nas minhas ausências.

Agradeço aos meus pais, Pedro e Regina Vespa, pelos ensinamentos recebidos na vida, e por ser hoje quem sou.

Aos meus irmãos, Marcio e Marcelo Vespa, pelo amor e alegria que construímos juntos na infância e que conseguimos fazer perpetuar até hoje.

Ao meu grande líder e mestre, Rogerio Leme, pela confiança e pelos estímulos que me orientam e me impulsionam a aprender sempre mais.

Às minhas equipes construídas ao longo da minha trajetória profissional, pelo apoio, pelo engajamento, por terem acreditado que poderíamos chegar aonde queríamos. Nossa visão, Nossa missão, Nosso sucesso.

Aos muitos profissionais de Recursos Humanos, que se propuseram a abdicar das práticas de controle, para se tornarem verdadeiramente estratégicos no ambiente profissional. Em especial, à Adriana

Lunardelli, da PPG Tintas e Vernizes, por todas as suas nobres conquistas e seus resultados com a implantação de práticas de gestão de pessoas contemporâneas.

Aos muitos líderes, exemplos de conduta, com os quais convivi; àqueles que me ajudaram a crescer; àqueles a quem ofereci a minha contribuição para evoluírem; e àquele que demonstrou, com a sua simplicidade, possuir uma sabedoria superior, sendo um exemplo de conduta. Este, querido Elias Souza, é para você.

A todos os nossos clientes, pela confiança.

À vida, que façamos sempre por merecer.

Dedicatória de Rogerio Leme

Ao meu filho, Eduardo, pelas alegrias que me dá.

À minha esposa, Célia, pela garra e amor a uma família como poucas neste mundo e pela paciência que tem comigo. Eu te amo muito e preciso demais de você.

À memória de meu pai, Eniciel, de quem herdei os valores e o espírito de responsabilidade. Sinto saudade de você, meu velho.

À minha mãe, Eunice, de quem herdei a didática e a energia, desde os tempos de infância, em que acompanhava lá do cantinho da sala as suas aulas, para ajudar no orçamento de casa.

Ao meu sogro, Pedro, meu segundo pai.

À minha sogra, Hermelinda, minha segunda mãe.

A toda a minha família.

Aos meus fiéis amigos da Leme Consultoria.

Prefácio

É muito mais que satisfação que sinto em escrever o prefácio deste livro. Sinto-me verdadeiramente orgulhosa de fazer parte da vida de um grande homem. Um amigo, um mestre, meu guru predileto! Rogerio Leme é, inexplicavelmente, um ser superior, desses que não encontramos com facilidade nas esquinas da vida.

Tenho acompanhado a sua trajetória mais de perto nos últimos dois anos. Tenho visto pessoas crescerem com os seus ensinamentos. Ele é capaz de provocar pequenos desconfortos para que haja reais contribuições. Tenho visto pessoas saírem mais fortalecidas dos seus cursos. Tenho visto pessoas assumirem papéis importantes na vida profissional a partir de rápidos convívios.

Rogerio é um grande líder. Como grande líder, forma grandes equipes; com as suas equipes, obtém grandes resultados. Essa capacidade de liderar não retrata apenas sua habilidade nata de empreender. Ele é um ser visionário; um verdadeiro líder de gente.

Sua inteligência se apresenta com um *mix* de humildade e respeito jamais vistos. Sua simplicidade transforma dificuldades em oportunidades. Ele tem o dom de tornar melhor a vida das pessoas. E a vida tem lhe dado de volta o que ele faz com ela todos os dias.

Como profissional de Recursos Humanos, sempre acreditei que uma empresa se constrói com pessoas. Quando me deparei com as suas propostas, veio a certeza de que a área de RH se tornaria definitivamente uma área estratégica nas corporações. Ações compartilhadas, decisões coletivas, metodologia comprovada matematicamente, indicadores precisos, acessibilidade das técnicas, pessoas comprometidas, resultados superiores. A cada nova obra, mais uma evolução.

Passos certeiros vão construindo resultados duradouros, alinhados à nova era.

Fiquei muito contente por participar da elaboração deste livro juntamente com o Rogerio, pois é mais uma contribuição que, agora juntos, levamos ao mercado a Gestão do Desempenho.

E esse desafio assume uma dimensão ainda superior, pois alinha definitivamente as ações de Recursos Humanos às principais estratégias de negócio das empresas. É a demonstração de que é possível empreender com as mais nobres práticas de gestão de pessoas. Sei que quando queremos obter resultados importantes investimos no desenvolvimento das atitudes. Mas, quando queremos eternizar uma condição, mexemos em paradigmas. Rogerio Leme tem essa capacidade.

O convite está feito. O desafio foi lançado. Uma excelente leitura, e bons resultados. Este é o momento.

Marcia Vespa
Diretora de Educação Corporativa da Leme Consultoria

Sumário

Capítulo 1
A amplitude de ser RH Estratégico 1
- A Geração Y 4
- A mudança dos tempos na Gestão de Pessoas 6
- O que é um RH Estratégico 10
- Reflexões para identificar se você faz parte de um RH Estratégico 11

Capítulo 2
Missão, Visão e Valores 15
- Algo mais a dizer sobre os Valores 18
- Metáfora do Piso Molhado 20
- O que são os valores organizacionais? 24
- A necessidade de cultivar Missão, Visão e Valores 26

Capítulo 3
O Balanced Scorecard 29
- Princípios do BSC 29
- O BSC na Prática 31
- A metodologia do BSC-Participativo 35
- Síntese das Etapas do BSC-Participativo 37

Capítulo 4
Gestão do Desempenho: Por que a Avaliação de Desempenho apenas não é suficiente 43
- Conceito de Gestão do Desempenho 45
- Princípios da Gestão do Desempenho 46

Capítulo 5
Premissas do Modelo de Gestão do Desempenho **49**
- Diferenças entre as Avaliações 49
- Avaliação de Desempenho 49
- Avaliação de Resultados 50
- Avaliação de Competências 50
- Avaliação de Potencial 51
- Avaliação de Desempenho com Foco em Competências 52
- Diferença entre Cargo e Função 53
- Conceitos do Modelo de Gestão do Desempenho 55
- Definição de Gestão do Desempenho 56
- A importância da compreensão do significado das palavras da Gestão do Desempenho 57
- A liderança na Gestão do Desempenho 59
- Resumo das premissas do modelo de Gestão do Desempenho 59

Capítulo 6
O Painel de Desempenho do Colaborador **61**
- Guia do Painel de Desempenho do Colaborador 62
- Perspectiva Competência Técnica 62
- Perspectiva Competência Comportamental 64

Capítulo 7
Perspectiva Resultados **67**
- Integração entre o BSC e a Avaliação de Desempenho com Foco em Competências 68
- Classificação das Metas 70
  1. Parametrização do Objetivo Estratégico do BSC 70
  2. Classificação de Impacto e Dificuldade da Meta 72
  3. Período de execução e apuração da Meta 76

Capítulo 8
Perspectiva Complexidade 79
- Conceitos sobre Complexidade 79
- A Complexidade na Gestão do Desempenho 81
- Classificação de Impacto e Dificuldade das Responsabilidades 82
- Complexidade e Espaço Ocupacional 84
- Exemplo de análise do espaço ocupacional pela perspectiva Complexidade 86
- A Avaliação das Responsabilidades 87
- Definições da Escala de Avaliação das Responsabilidades 88
- Definições da Escala de Domínio das Responsabilidades 89
- Definições da Escala de Relevância das Responsabilidades 89
- O impacto da Avaliação Responsabilidade, do exemplo, na Gestão do Desempenho 90
- O impacto da Avaliação Responsabilidade, do exemplo, no Espaço Ocupacional 91

Capítulo 9
Perspectiva Convenção 93
- Guia Geral do Painel de Desempenho do Colaborador 94

Capítulo 10
O papel da liderança e do RH como força propulsora da Gestão do Desempenho 97
- Variáveis muitas vezes negligenciadas que afetam diretamente os resultados da implantação 98
- Advertência 1 – Novos paradigmas da Gestão do Desempenho 99
- Advertência 2 – Gestão do Desempenho pede mudanças 101

- Advertência 3 – O alinhamento da Gestão do Desempenho com a Missão e Visão Empresarial 104
- Advertência 4 – A liderança determinará a vitória ou o fracasso da implantação da Gestão do Desempenho 107
- O espetáculo da confiança 107
- O espetáculo de assumir integralmente o seu papel 110
- O espetáculo de se tornar um gestor de pessoas 112
- Advertência 5 – Diga não às competências. Diga sim aos indicadores. 113
- Advertência 6 – A posição da área de RH na arquitetura organizacional com a implantação da Gestão do Desempenho 114
- O espetáculo de se tornar uma área de RH estratégica 116
- O espetáculo das conexões estratégicas 122
- Advertência 7 – Sua empresa está preparada? 122
- Uma palavra final 124

Anexo I
Metodologia do Inventário Comportamental para Mapeamento de Competências **127**
- Características do Inventário Comportamental 127
- A metodologia 129
- Definição do Inventário Comportamental 129
- A construção do Inventário Comportamental 130
- Orientações para a aplicação do "Gosto/Não Gosto/O Ideal Seria" 132
- Competências Organizacionais 134
- Início do Processo Matemático 136
- Competências de Cada Função 136
- NCF – Nível de Competência para Função 137
- Competências de Cada Colaborador 138
  NCCo = Nível de Competências do Colaborador em relação à Organização *139*

*NCCf = Nível de Competências do Colaborador
em relação à Função* *140*

Anexo II
***Definições de Competências Comportamentais
e Indicadores*** ***143***
– Lista de Competências, Definições e Exemplos
de Indicadores 144

Considerações Finais **151**
Sobre os Autores **153**
Outras obras de Rogerio Leme **154**
Bibliografia **159**

Introdução

Cada etapa é uma conquista de um modelo em constante evolução...

Quem acompanha meus trabalhos desde o meu primeiro livro, e este é o quinto, com muito orgulho, deve estar curioso em saber o que proponho desta vez.

Confesso que tenho uma grande preocupação quando começo um novo livro, pois me sinto na obrigação de agregar valor à comunidade de Recursos Humanos e também aos gestores e não "chover no molhado", como diz o ditado, pois temos uma escassez de literaturas práticas que é um absurdo.

Procuro escrever de forma mais coloquial, simples, sem aquelas formalidades de trabalhos de mestrado ou doutorado (Fulano de Tal, ano, página). Quero levar a você, leitor, a parte prática, simples e direta.

Depois de escrever sobre Avaliação de Competências, Avaliação de Desempenho com Foco em Competências, de apresentar um novo conceito em seleção por competências, indo além do tradicional, e de trazer um conceito diferente para *feedback* para a transformação em resultados, chega a hora de discutir sobre a Gestão do Desempenho.

Veremos que Gestão do Desempenho não é "simplesmente" a Avaliação de Desempenho. Ela é um processo mais amplo, é o próximo passo de amadurecimento de uma empresa após a implantação da avaliação de desempenho – e, por favor, que esta seja no conceito da avaliação de desempenho com foco em competências, que publiquei no meu segundo livro.

A Gestão do Desempenho proporciona a importante conexão do instrumento de Gestão da Estratégia Organizacional, o Balanced Scorecard, com a Gestão Estratégica de Pessoas.

Como é a integração desses sistemas? O que é preciso fazer? Qual é o papel do gestor? Qual é o papel do RH?

E tem mais. Você da área de RH, como ser efetivamente um RH estratégico? Qual a postura a ser tomada? O que deve ser feito para transformar um RH em um RH Estratégico?

Também falaremos da Missão, Visão e dos Valores, desmitificando essa questão dos valores, que é confusa para muitas empresas.

Neste livro, tive a felicidade de contar com a participação "super-especial" da Marcia Vespa, que, além de me auxiliar a construir os materiais, textos e conteúdos, me presenteou com o prefácio e desenvolveu talvez o capítulo mais importante e a chave para o sucesso da Gestão do Desempenho. De tão importante o assunto, quando me dei conta, o capítulo era o de número 10! Tinha de ser mesmo! Coincidência? Não, sua participação foi 10 mesmo! Obrigado Marcia, e tenho muito orgulho em dividir a autoria deste livro com você.

Como o foco é a Gestão do Desempenho, e não a Avaliação de Desempenho, embora não há como não comentar sobre ela neste assunto, durante o livro haverá algumas recomendações complementares de minhas literaturas, embora isso não invalid o entendimento da ferramenta de Gestão do Desempenho, objeto deste trabalho.

Eu e Marcia esperamos, assim, conduzir você, amigo leitor, a momentos de reflexões dos instrumentos de Gestão de Pessoas e que você perceba este como um livro prático.

Uma excelente leitura, estudo e reflexão. Caso queira fazer algum comentário, crítica ou sugestão, terei grande prazer em manter um canal de comunicação com você, pelos contatos abaixo.

Um grande abraço e sucesso na implantação da Gestão do Desempenho integrando Avaliação e Competência com o Balanced Scorecard.

Rogerio Leme
rogerio@lemeconsultoria.com.br
(11) 4401-1807
www.lemeconsultoria.com.br

1

A amplitude de ser RH Estratégico

Quando tratamos das relações humanas numa visão contemporânea, precisamos conectar as práticas de gestão de pessoas a uma visão de mundo, seu movimento, sua dinâmica. Os fatores trazidos pela globalização, como a competição acirrada, produtos se transformando em *commodities*, fusões, aquisições, reviraram os conceitos de competências nas empresas. São esperadas, como assim se confirmam, mudanças importantes no comportamento da humanidade.

As revoluções que estudamos ou a que assistimos vão sugerindo a adoção de novas condutas e, a cada nova situação estudada, inúmeras são as oportunidades de melhoria e de inovação.

Quando o marketing estuda o comportamento do consumidor, está trazendo o cliente para dentro da sua casa, antecipando-se ao futuro, identificando formas de atração e retenção de nichos de mercado. Quando as empresas colocam antropólogos para estudar o comportamento do consumidor indo a campo, no local onde os clientes consomem seus produtos, elas compreendem que há algo muito maior a ser percebido sobre o comportamento.

Quando montadoras de automóveis colocam mulheres para fazer os testes finais dos veículos, antes de disponibilizá-los para as concessionárias de vendas, estão buscando utilizar a percepção aguçada aos detalhes, característica típica do sexo feminino, conquistando resultados de sucesso e ainda quebrando paradigmas "machões" de que somente homem é que conhece de carro.

O RH não pode ser diferente. Olhar para o externo e compreender tudo que impacta e o cenário em que a empresa está inserida é a forma mais inteligente de construir os seus processos e procedimentos. Portanto, a primeira recomendação, se você quer atuar como um RH estratégico e utilizar a Gestão por Competências como um instrumento de Gestão Estratégica de Pessoas, é:

"RH, saia da cadeira confortável da sua sala e vá a campo compreender o cenário em que sua empresa está inserida".

Você não fará absolutamente nada aí da sua cadeira. Você não será estratégico. O máximo que conseguirá ser é um ótimo teórico; mas as empresas não querem teoria. Elas precisam de resultados, elas precisam converter, elas precisam fazer gol!

Ficar em sua sala e ver o mundo passar não muda o cenário. É preciso conhecer quem são os clientes da empresa. Quem são os fornecedores. É preciso conhecer o dia-a-dia de vendas, da produção, sentir o calor da área da fundição, para perceber o impacto do que é um ambiente hostil de trabalho, ou tomar chuva com o vendedor que tem de passar em dez clientes por dia, enfrentando o trânsito caótico das grandes cidades.

É preciso estar ao lado do gestor, que tem a pressão enorme do diretor, que tem a pressão ainda maior do presidente, que tem a pressão quase que insuportável do conselho, que tem a pressão ainda maior dos acionistas, que têm a pressão ainda maior de um mercado globalizado e extremamente acirrado...

Somente assim você terá condições de **pensar algo teórico** coerente com a **prática**, que lhe permitirá ser, de fato, um RH estratégico, que poderá utilizar ferramentas de gestão estratégica de pessoas, como é a Gestão por Competências.

Diz o ditado que, se conselho fosse bom, não seria dado, seria vendido. Mas quero deixar uma recomendação vinda de uma percepção obtida dos trabalhos de consultoria que realizei nas empresas em que atuei, principalmente em empresas públicas ou órgãos do governo, e até mesmo da forma de agir de vários acadêmicos com quem tenho contato.

Tenho notado uma preocupação exagerada com conceitos, com a semântica das palavras, com a teoria no momento de implantação de um projeto. Passamos horas preciosas de trabalho discutindo o âmago de palavras, de forma catedrática, divagando sobre conceitos abstratos, sobre hipóteses, sobre questões alheias à realidade do "prezado colaborador" que atua na linha de frente e que põe a mão na massa, que encara o frio, o calor, a ira do cliente e a pressão do gestor.

Não que essas questões não sejam importantes, claro que são! Mas o fato é que muitas dessas teorias estão relacionadas a conceitos, vivências e experiências do século passado. Costumo brincar que são conceitos da época de Taylor e Fayol, pois, com todo o respeito a esses grandes mestres que deram contribuições importantíssimas à administração, o mundo mudou e não é mais aquele do filme "Tempos Modernos" de Chaplin.

Isso significa que os instrumentos de gestão de pessoas, de avaliação de desempenho pessoal e empresarial precisam evoluir, pois as empresas estão inseridas no cenário do terceiro milênio e não mais na época da reserva de mercado, da colheita manual, da mão-de-obra. Nos anos 1940, 50, 60, 70 ou 80, não havia internet, tampouco micros nas mesas das pessoas, não havia globalização e, no Brasil mais especificamente, não tínhamos sequer a abertura do mercado. Talvez alguns leitores mais jovens não sabem o que significa ter um "Opalão 6 cilindros" como o carro dos sonhos, conviver no final dos anos 1980 com carros como Brasília, Passat, Monza e o "romântico" Fusca (claro, meu primeiro carro, como o de muitas pessoas). Muitos, não sabem que um dia o computador não tinha sequer monitor. Acostumados na era da informação e tecnologia com e-mails, poder falar com qualquer parte do mundo via internet por programas gratuitos de Voz sobre IP – Voip, como o Skype. Nos anos 80, tínhamos um "moderníssimo" e barulhento aparelho de envio de mensagens chamado Telex, que, além de tudo, fazia uma sujeira incrível no chão com aquelas bolinhas de papel picotado, como miniconfetes e essa era a forma mais rápida e inovadora de uma informação passar de um lado a outro do mundo.

E, ainda mais, toda essa modernidade atual, quem sabe, daqui a cinco anos estará obsoleta. Quem pode garantir que a maravilha da TV no celular que é hoje não será o equivalente ao que era o telefone de disco, que muitos dos leitores deste livro nem imaginam o que seja, ou só viram em filmes antigos ou em peças de museu.

A Geração Y

É importante destacar que agora existe a chamada Geração Y, que não imaginávamos que seria assim. Para compreender o que essa geração significa, leia a reprodução do artigo escrito por Marcia Vespa.

Eu acredito na Rapaziada!

Por Marcia Vespa

Todas as empresas, em todos os mercados, viveram e sentiram na pele os efeitos da globalização, o "boom" da internet, a entrada maciça da mulher no ambiente de trabalho, as alternativas geradas pelos pais para educarem filhos numa nova modalidade de contato e se esqueceram de analisar os impactos que esses comportamentos trariam quando essa moçada chegasse para ocupar seu espaço no mundo corporativo. É... E eles cresceram! Batizados de "Geração Y", eles chegaram para tirar o sono dos profissionais de Recursos Humanos e gestores no que tange à retenção de talentos.

Chegaram com o perfil da nova era: impacientes, rápidos nas decisões, insatisfeitos, e totalmente orientados para a satisfação imediata de seus anseios e sonhos, como se não tivessem tempo a perder; tudo isso acompanhado por uma visão de mundo muito mais ampliada. Chegaram ao mercado de trabalho com competência, desejo de realização, muito mais ousadia e dispostos a experimentar novos desafios, fazendo com que as empresas e os profissionais de RH repensassem suas tradicionais práticas de gestão de pessoas.

Por outro lado, dada à imprevisibilidade de mercado, é natural que as empresas busquem identificar e trazer para a sua organização o jovem e a sua capacidade de inovação, seu desejo de aprender, de se engajar em projetos desafiadores e em práticas de responsabilidade socioambientais, auto-estima e autoconfiança bem trabalhadas e, claro, muito bom humor. As empresas estão buscando gente bem resolvida, de bem com a vida. Os problemas farão parte do dia-a-dia, mas as relações humanas não podem ser ameaçadas, pois descobriu-se que pessoas felizes dão mais lucro. É isso... Pessoas felizes dão mais lucro!!!

Mas como compatibilizar os interesses pessoais com os empresariais? Essa é a grande e desafiadora pergunta que não quer calar.

Muitas empresas estão amargando a tristeza, a angústia e, por que não dizer, os prejuízos deixados pela perda de talentos que fez emergir a certeza, mesmo que provisória, de que era a coisa certa a fazer no momento. Contratar pode ser caro. Mas perder é desperdício.

O que levar em consideração num processo seletivo para que o tiro não seja curto?

Para as empresas, sugiro revisitarem e reinventarem as suas práticas de gestão de pessoas. A começar pela metodologia adotada no processo seletivo. Selecionar por competências pode e deve ser uma prática mais habitual se bem aplicada, para identificar não somente grandes potenciais, mas principalmente se há alinhamento com os valores da organização. Se os valores pessoais destoarem dos valores organizacionais, não há potencial que se perpetue. É tiro curto.

Outro ponto a considerar é o tradicional plano de carreira. O efeito crescimento gradativo, degrau a degrau, moroso e interminável, normalmente na vertical, é totalmente incongruente com a velocidade do mundo, quiçá dos jovens profissionais impacientes e infiéis da Geração Y que chegam ao mercado de trabalho. Ávidos por desafios, e não necessariamente por cargos, eles clamam por projetos desafiadores, envolventes, bem como a oportunidade de conviverem nesses projetos com pessoas inteligentes e bem-sucedidas. É o que tem feito a chama do entusiasmo durar. O projeto acaba. Comemora-se, e outro vem à tona. Novos desafios, gente nova, novas responsabilidades. Isso não enjoa!

Gestão dos benefícios? Pense num cardápio de opções. A autonomia e a liberdade de escolha convergindo com as necessidades presentes do jovem são excelentes aliados da retenção de talentos.

Invista em desenvolvimento e capacitação, sim. Mas se esforce e garanta para que os conhecimentos adquiridos sejam materializados no próprio meio profissional. Crie ambiente. Estimule. Desafie. Premie. Tenho visto empresas investirem grandes somas em treinamento e doarem a custo zero um profissional para a concorrência.

Crie seu diferencial olhando para as suas pessoas, antes que alguém faça isso por você.

Seja criativo. Se tiver dificuldade, chame-os para o seu lado. Ali tem idéia que não acaba mais. Idéias implantadas e celebradas também retêm talentos. Afinal, talento atrai talento.

A Geração Y tem outros valores. Ela busca a chance de ter novos desafios, e não mais a imagem da empresa ou a estabilidade que ela possa representar. Mesmo em uma grande empresa, mas que não dá a oportunidade para o tal crescimento almejado, esses profissionais abandonam vagas de estágio e de *trainee*, que conseguiram conquistar por meio de processos seletivos disputadíssimos.

E mais, com a impaciência e sensibilidade à demora em obter respostas e resultados, eles simplesmente passam por cima de hierarquias. Se o chefe não resolver, eles mandam um e-mail para o presidente, ou o aborda no corredor para "tirar satisfação". Isso é ruim? Não obrigatoriamente. Muitos de nós (falo dos mais maduros – uma forma carinhosa de chamar os profissionais acima dos 35 anos) jamais fariam isso, mas é assim que acontece com essa geração, que foi criada no meio dos instrumentos modernos de comunicação.

Analise esse perfil de profissional, que talvez já esteja trabalhando na sua empresa, e diga se por acaso eles são compatíveis aos conceitos de gestão de pessoas que trabalhamos nos anos 1940, 50, 60, 70, 80 e até mesmo dos anos 90, aos quais eu chamo carinhosamente de "Conceitos da época de Taylor e Fayol"?

A mudança dos tempos na Gestão de Pessoas

Acrescente a essas características outras mudanças da Gestão de Pessoas que o novo milênio traz, conforme quadro abaixo:

Antigamente	Atualmente
Gestor processos	Gestor de pessoas
Funcionários	Colaboradores
Mão-de-obra	Cérebro-de-obra
Atender o freguês	Encantar o Cliente
Foco Qualidade	Foco na Sustentabilidade
Dar bronca	Dar *feedback* corretivo
Fazer correto era simplesmente obrigação	Estimulo repetição com *feedback* positivo
O empregado achava ruim ser chamada sua atenção para uma correção	Colaborador busca o *feedback* para o desenvolvimento
Treinamento era obrigação da empresa	Colaborador tem a obrigação do autodesenvolvimento

Antigamente, éramos preparados para ser gestores de Processos. Alguns cursos de institutos de renome não tinham, em 2004, a disciplina Gestão de Pessoas em seus cursos de MBA, por exemplo. Hoje, temos de ser gestores de Pessoas, pois o mercado compreendeu que uma empresa são as pessoas. São elas que atingem os resultados, são elas que fazem o diferencial competitivo de uma empresa. Uma empresa sem as pessoas é, como diz a contabilidade, um amontoado de "máquinas e equipamentos" e "móveis e utensílios". Tanto é verdade que em qualquer curso de uma simples graduação em qualquer faculdade "de esquina" tem a disciplina Gestão de Pessoas como matéria obrigatória.

Chamávamos as pessoas que trabalhavam na empresa de empregados, termo que particularmente considero horrível, parece algo escravo, mas assim é tratado na CLT. Evoluímos e passamos a chamá-las de funcionários, mas, hoje, não queremos apenas executores de uma função, queremos colaboradores que contribuam para que os objetivos organizacionais sejam atingidos.

Antes, contratávamos mão-de-obra, mas hoje os processos estão automatizados. A mão-de-obra já não nos serve mais. Precisamos contratar cérebros-de-obra.

O freguês virou cliente. Mas não basta atender o cliente ou ter foco no cliente. Que empresa não busca fazer isso atualmente ou que não tenha que produzir produtos e serviços com qualidade? Isso não é diferencial competitivo, é o mínimo que se espera de uma empresa que quer manter-se viva no mercado. Hoje é preciso encantar o cliente, é preciso pensar na sustentabilidade do negócio, considerando o meio em que a empresa está inserida, incluindo a Responsabilidade Social Empresarial (RSE), que deve tanger não apenas a comunidade local, o terceiro setor ou a área ambiental, mas também os colaboradores internos, os acionistas, as obrigações junto ao governo e à sociedade, o consumidor e também os fornecedores.

Diante de um erro, antes, o chefe dava bronca, hoje o líder faz o *feedback* corretivo, trabalhando não o comportamento, mas sim as atitudes. Falaremos mais adiante sobre essa característica. Da mesma maneira, antes, fazer o correto era obrigação, atualmente, o líder deve estimular a repetição do comportamento desejado com o *feedback* positivo.

Agora, veja algumas posturas referentes ao "empregado moderno", ou seja, o colaborador. Antes, ele achava ruim ser chamada sua atenção se algo ocorresse errado, mas hoje ele busca o *feedback* para se desenvolver. Antigamente, o empregado considerava que treinamento era obrigação da empresa, hoje, ele tem a consciência de que a obrigação é manter-se competitivo, e a busca pela empregabilidade é dele.

Permita-me duas inferências quanto aos profissionais da área pública, os chamados servidores, que muitas vezes se sentem isolados nas metodologias e leituras que nunca falam de sua categoria, mas apenas de colaboradores.

A primeira é, que tudo o que for trabalhado neste livro referente a colaborador se aplica integralmente aos servidores. A nomenclatura "servidor" é, no meu entender, similar a nomenclatura "funcionário", e a evolução para colaborador é fundamental, pois cada servidor precisa colaborar com os "objetivos organizacionais", que, no caso, são as prioridades de governo.

A segunda é referente ao último item da tabela acima, ao afirmar que a necessidade de desenvolvimento é do servidor-colaborador. No meu modo de ver, entendo que o governo tem uma importante participação, contribuição e obrigação de auxiliar a tirar o atraso oriundo de décadas da falta de investimento dos governos no funcionalismo público, de forma geral. É simples de constatar isso. Basta ver quantos órgãos ficaram sem concurso público nos últimos anos, chegando a ficar 10, 15 e até 20 anos sem a contratação de novos servidores. Se isso não bastasse, em muitos casos, o ambiente de trabalho ficou parado no tempo. Fiquei pasmo ao visitar uma prefeitura, que faz divisa com uma importante capital brasileira, em pleno ano de 2008, e me deparar em todos os setores por onde passei com moderníssimas "máquinas de escrever", e nenhum computador! Parece mentira, mas infelizmente não é. Como colocar todo o ônus da atualização nos ombros dos servidores? Recentemente, escrevi um artigo chamado "É preciso '*empresariar*' o Estado", em que trago as ações e diretrizes necessárias a serem tomadas pela administração pública referentes à gestão de pessoas. Se quiser ler esse artigo, está disponível no site: www.lemeconsultoria.com.br.

Portanto, RH, saia da zona de conforto da sua sala se você quiser que sua empresa tenha um RH estratégico. Mas, além dessa ação, é preciso uma questão importantíssima referente à postura de um profissional estratégico. É a seguinte:

"Pare de falar que a decisão tem de vir de cima, da diretoria, da alta direção".

Particularmente, não agüento mais ouvir esta história. Você deve ser estratégico e bater a mão na mesa para impor ou conquistar o espaço de um RH estratégico. Não é a sua empresa que vai lutar por ter um RH estratégico, não! Você que está lá é a única pessoa que pode fazer isso.

Eu nunca vi, em uma reunião de planejamento orçamentário, o gerente de Marketing dizer: "Olha pessoal, vamos deixar uma verba do nosso *budget* para a área comercial e outra fatia para o RH". Isso não existe, pelo contrário, cada um briga por cada centavo do orçamento (e algumas vezes brigam mesmo!). E o RH, o que faz? Fica com a sobra! E por que o RH não tem uma atitude de "bater na mesa" e enfrentar a situação, desafiando, por exemplo: "Mas se o RH não capacitar a área comercial, como eles vão atingir um *market share* de um produto novo em 20%? Milagre não existe! Pessoal! Quero um percentual maior do orçamento para treinamento, e pode vir uma fatia do marketing e outra do comercial".

Sim, é bater a mão na mesa, não sendo desrespeitoso, é claro, mas defendendo os interesses da organização. Não é defender os seus interesses pessoais, se conformando, porque sempre foi assim mesmo ou fomentando a acomodação! É bater a mão na mesa defendendo os objetivos organizacionais.

É bater a mão na mesa defendendo a **Estratégia Organizacional**. Isso é ser um RH estratégico! Isso é ter condições de fazer uma Gestão Estratégica de Pessoas! Isso é poder utilizar Gestão por Competências como base para a Gestão Estratégica de Pessoas. Isso é cumprir com a missão do RH!

O que é um RH Estratégico

O que é ser um RH estratégico? Por que tanto se fala em Gestão por Competências? De quem é, afinal, essa responsabilidade?

Gestão por Competências é "conduzir as pessoas para que elas possam atingir a Visão da empresa através de suas competências". Mas de quem é essa responsabilidade de conduzir as pessoas? Do RH? Será? Impossível. Essa responsabilidade é exclusivamente dos Gestores. São os gestores que convivem com seus subordinados, com seus liderados. O RH não tem como saber sequer o nome de todos os colaboradores da empresa, como poderá ficar responsável por fazer Gestão por Competências?

Discutimos há pouco a necessidade de os gestores entenderem que é preciso deixar de sermos gestores de processos e passar a ser gestores de pessoas, pois são as pessoas que fazem ou cumprem os processos. Em outras palavras, não adianta trabalhar o sintoma, é preciso agir na causa.

Quer dizer que o RH não tem participação na Gestão por Competências? E a tal Gestão Estratégica de Pessoas? Pois é, o RH tem a enorme responsabilidade de garantir o alinhamento de todas as ações de gestão de pessoas, realizadas por ele e por todos os gestores, para que todas, sem nenhuma exceção, estejam alinhadas aos objetivos estratégicos da empresa. Cada ação realizada deve ter uma resposta, um porquê, e essa resposta ou esse porquê devem ter, obrigatoriamente, não apenas uma tangência com a estratégia, mas também ir ao encontro da estratégia, no sentido de dar um "empurrão" nas ações, para que a Visão da empresa seja atingida.

Nesse ponto, podemos concluir que todos os gestores, independentemente da sua área, acabam de ser promovidos como um membro fundamental do RH da sua empresa e, portanto, todas as considerações e reflexões feitas neste livro direcionadas ao RH cabem a você, amigo Gestor. Gostou? Não? Então, seja bem-vindo à exigência de mercado do perfil do Gestor do Terceiro Milênio, ou deixe de ser gestor. Os tempos mudaram...

Quer ser estratégico? Procure a resposta: por que você está fazendo uma determinada atividade ou projeto na Missão, Visão ou nos

Valores da sua empresa? Se não encontrá-la, discuta com o seu chefe e peça explicações do por que fazer isso, se não contribui absolutamente em nada para a visão da empresa.

Reverter a forma de agir dos gestores para focarem nas pessoas e não apenas nos processos é o papel de um RH estratégico. Identificar o modelo de gestão estratégica a ser adotado pela empresa e auxiliar os gestores na condução desse modelo, garantindo que os resultados sejam atingidos.

E por favor, sem aquela história que isso tem de vir da alta direção para acontecer, hein?! Busque o apoio, demonstre, através de números a importância de tal mudança e mostre que foi um milagre a empresa ter sobrevivido até esse momento sem um RH estratégico e que, certamente, ela não conseguirá sobreviver se não for feito algo imediatamente.

Mas não é apenas essa a responsabilidade do RH. Ele tem uma enorme responsabilidade na questão dos valores organizacionais, que discutiremos no próximo capítulo.

Reflexões para identificar se você faz parte de um RH Estratégico

Somos estratégicos ou cumpridores da burocracia?

Até onde vai a sua atuação como um RH na sua empresa? Você tem postura estratégica ou é meramente um cumpridor de procedimentos administrativos, efetuando o cálculo de folha de pagamento, controlando ponto a benefícios? Claro que isso é importante, mas sua empresa tem um RH ou um Departamento Pessoal? Desenvolvemos as pessoas através de ações de treinamentos ou simplesmente contratamos um treinamento para alegrar um ou outro, ou ainda mandar os mais estressados para passar algumas horas longe do trabalho? Com qual objetivo fazemos a Gestão de Pessoas? Fazemos gestão estratégica de pessoas ou gestão contábil de pessoas, mantendo aquela postura antiga de pessoas, restrita a folha de pagamento, em que temos o centro de custo que o funcionário, ou empregado, segundo a CLT, está alocado? Quais as ações que tomamos para transformar nossos colaboradores de um centro de custo, como na folha, em um centro de lucro, como na Gestão do Desempenho eficaz?

Apenas acatamos as decisões ou participamos de sua construção e, quando necessário, discutimos a postura tomada?

Você age como beato, dizendo amém a todas as decisões vindas, ou questiona querendo saber por que deverá fazer o projeto e o impacto que ele tem com os objetivos e com a estratégia da empresa? Questionamos para promover o melhor a ser feito ou simplesmente acatamos, fazendo a adaptação do velho ditado que antes dizia "manda quem pode e obedece quem tem juízo", adaptando-o para "manda quem pode e obedece quem tem conta para pagar"?

Participamos das reuniões de Planejamento estratégico ou apenas organizamos e informamos a hora do café?

Você participa das decisões do planejamento estratégico, dando subsídios preciosos para a tomada de decisão e, principalmente, para garantir que ela se concretize, tomando as ações de capacitação e de desenvolvimento dos colaboradores ou simplesmente bate na porta durante a reunião de planejamento, com aquela voz toda "miúda" querendo dizer que o café está servido?

Comprovamos os resultados de nossas ações com números e indicadores ou temos aversão aos números e dizemos que não há como mensurar resultados na área de RH?

Você busca a comprovação das ações e projetos que realiza, com números e indicadores que comprovam o resultado das ações (e que não seja apenas aquela avaliação de reação no final de cada treinamento, não que não seja importante, mas não é sequer a ponta do *iceberg*), ou será que fica lamentando que ninguém reconhece o esforço do RH, que o RH é uma área subjetiva e que não tem mesmo como comprovar resultados? Será que você tem aversão aos números, aos cálculos, às planilhas e aos gráficos? Será que você também se lamenta porque na maioria das empresas quem está à frente da área de RH é um administrador, um financeiro ou um engenheiro, e acha isso uma tremenda injustiça, porque deveria ser alguém da área de Recursos Humanos? O que você faz para mudar essa situação?

Planejamos o futuro, sucessão, ou apenas corremos para apagar os incêndios?

Você planeja o futuro da empresa, da sucessão, atua para que cada gestor tenha alguém que possa substituí-lo em uma eventual necessidade, um *backup*? Ou será que você fica correndo desesperadamente para suprir um técnico, um analista, um gestor, no momento que a empresa se dá conta de que não tem mais aquele profissional? Você atua preventivamente ou poderia ter o apelido de "bombeiro", por viver apagando incêndios?

No organograma da sua empresa, em que posição está o RH, abaixo da presidência ou "debaixo" do financeiro ou do administrativo?

E em qual posição está o RH em sua empresa? Ele tem o mesmo poder do diretor financeiro ou administrativo? Está ligado diretamente abaixo do presidente ou será que sua área se reporta ao financeiro? O que você faz para mudar esse quadro? Lembre-se: o RH somente poderá ser estratégico se participar de todas as iniciativas da empresa, sem exceção, pois a empresa são as pessoas. A empresa não atinge resultado, não cumpre metas ou o planejamento estratégico. São as pessoas! Elas são a alma da empresa. Quem cuida do dinheiro da empresa deve estar logo abaixo do presidente. Quem cuida das pessoas para trazer o dinheiro, também.

Essas são algumas das diferenças básicas entre o "RH Estratégico" e o "RH carneirinho". Qual deles você é? Vou além, qual deles você quer ser? E você, gestor, não se exclua dessas questões, pois falamos anteriormente que você é um importante membro do RH.

Então, RH ou Gestor-RH, lute para reverter o cenário se sua empresa não for assim. Somente você, que é um RH verdadeiro, pode fazer isso. Se não é assim em sua empresa e não tiver como reverter, você tem o que fazer: mude de empresa, mas antes dê a sua contribuição, mostrando o caminho e as ações que ela precisa tomar. Essa é a sua missão como profissional de Recursos Humanos.

Missão, Visão e Valores

O objetivo deste livro não é apresentar como construir a Missão, a Visão e os Valores organizacionais. Mas é impossível tratar de Gestão do Desempenho integrando Competências e o Balanced Scorecard sem mencioná-los ou deixar de fazer importantes considerações a esse respeito.

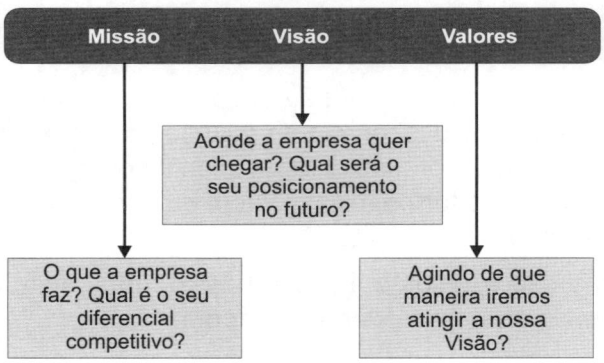

A missão é o que sua empresa faz, por que ela existe, qual é o seu diferencial como empresa. Na Missão, deve ser encontrada a resposta do porquê um cliente deve comprar um produto ou serviço da sua empresa, em vez de comprar do concorrente. Na Missão, deve estar claro qual é o seu diferencial competitivo, lembrando que diferencial competitivo é algo que somente sua empresa tem ou que seja tão difícil de ser copiado pelo seu concorrente que não vale a pena o investimento.

A Visão deve deixar claro qual será o posicionamento da sua empresa no futuro. É a visão de futuro, ou seja, que posição ela terá conseguido alcançar no mercado. A Visão deve ser algo desafiador, mas não impossível de ser atingida. Ela deve ser provocadora, instigante, estimuladora, permitindo que todos dentro da organização tenham desejo e trabalhem para alcançá-la.

Já os Valores são as crenças da organização. Como a empresa acredita que irá atingir a Visão, com quais princípios, agindo de que maneira.

No mercado, há uma confusão generalizada sobre essas questões, principalmente na Missão e Visão ou em uma mescla de ambas. Mas tenha esta diferenciação que é importante para o negócio: a Missão deve trazer o diferencial competitivo daquilo que a empresa faz, enquanto a Visão é a posição de futuro que a empresa deverá atingir, como se fosse uma meta a ser alcançada por todos dentro da empresa.

Também não basta ter uma Visão sem ter uma data estabelecida. Meta sem data é sonho, é devaneio. É preciso estabelecer uma data para que a Visão se transforme em uma meta e, para isso ocorrer, deverá ser elaborada a estratégia, que é o plano para atingi-la.

É claro que a Missão e a Visão devem ser co-irmãs, pois não há como haver uma visão desconexa da missão. Isso me faz compreender por que algumas empresas optam por omitir os termos missão e visão e utilizar apenas o termo missão. Note que nesses casos a escrita da missão traz embutida a visão.

Missão, Visão e Valores. Parece básico, mas muita gente ainda negligencia essa premissa. Vejamos por quê.

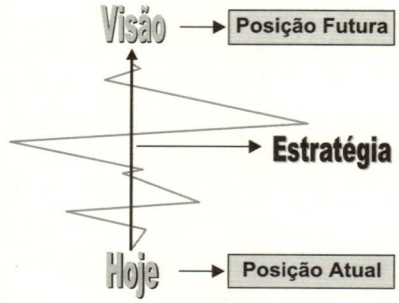

Figura A: Estratégia sem alinhamento.

MISSÃO, VISÃO E VALORES 17

A empresa está em uma posição hoje e deseja estar em uma posição diferenciada no futuro, que é a sua Visão. Para isso, será preciso percorrer um caminho, que se chama estratégia.

A Estratégia vai apresentar o que precisa ser feito para conduzir a empresa para atingir a visão. Mas se não houver um alinhamento claro, as ações poderão estar desencontradas, desajustadas, como representado na Figura A. A empresa até poderá atingir a visão, mas haverá um grande desperdício de tempo e energia, o que é fatal em um mercado competitivo e globalizado em que vivemos.

A Gestão por Competências traçará um trilha para que as pessoas percorram o caminho que leva a empresa da situação atual até a situação futura, através de suas competências técnicas e comportamentais. Portanto, Gestão por Competências nada mais é do que "conduzir as pessoas para que elas possam atingir a Visão da empresa através de suas competências" (Figura B).

Se Gestão por Competências é "conduzir as pessoas para que elas possam atingir a Visão da empresa através de suas competências", isso significa que, se a sua empresa não tiver extremamente claro qual é a sua Missão, Visão e Valores, não é possível fazer Gestão por Competências! Nem avaliação de desempenho! Nem Planejamento estratégico e, muito menos, Gestão Estratégica de Pessoas ou Gestão do Desempenho. Se a empresa não sabe qual é a sua visão, vamos conduzir as pessoas para onde? Para quê? Iremos perder tempo e bater cabeça. Quer um conselho? Neste caso não faça Gestão por Competências. Isso não é ser estratégico.

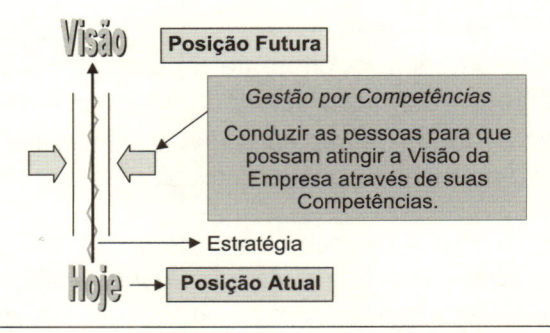

Figura B: Gestão por Competências com instrumento de alinhamento das pessoas à Estratégia Organizacional.

Os resultados têm confirmado que uma Gestão por Competências implantada de forma consistente conduz naturalmente as pessoas para o atingimento da visão da empresa, através das suas competências técnicas e comportamentais.

O que leva uma empresa a atingir os seus maiores objetivos de longo prazo são os comportamentos das pessoas. Esses comportamentos são o meio para o fim, e o fim nada mais significa que a vitória daquilo que se deseja obter, ou seja, a Visão.

Precisamos, portanto, garantir que as práticas de RH exalem e contagiem todos os integrantes da empresa a se motivarem pela Visão. E os gestores são os agentes responsáveis para criar uma atmosfera de altíssima confiança e credibilidade entre as partes, e se certificar de que todos estão comprometidos com a obrigação de contribuir. É o trabalhar pelo prazer de garantir uma boa colocação no placar. É o nosso contrato psicológico, em que o trabalho é uma fonte de inspiração e evolução.

Algo mais a dizer sobre os Valores

Não é possível falar sobre Gestão de Pessoas sem falar em Competências. E não é possível falar em competências sem falar no famoso CHA.

O objetivo não é aprofundar os conceitos dessas questões. Se você precisar disso, recomendo a leitura do meu primeiro livro, "Aplicação Prática de Gestão de Pessoas por Competências", publicado por essa mesma editora, a Qualitymark.

Quero trazer uma leitura diferente do que normalmente falamos sobre o CHA, para que possamos compreender o que são os Valores.

Como base de todos os trabalhos que desenvolvi e dos livros que publiquei, adoto a definição de competências de Scott B. Parry, que diz:

"Competência é um agrupamento de conhecimentos, habilidades e atitudes correlacionadas, que afeta parte considerável da atividade de alguém, que se relaciona com seu desempenho, que pode ser medido segundo padrões preestabelecidos, e que pode ser melhorado por meio de treinamento e desenvolvimento".

O **Conhecimento** é o saber, é o que aprendemos nas escolas, universidades, nos livros, no trabalho, na escola da vida. Sabemos de muitas coisas, mas não utilizamos tudo que sabemos.

A **Habilidade** é o saber fazer, é tudo o que utilizamos dos nossos conhecimentos no dia-a-dia.

Já a **Atitude** é o que nos leva a exercitar nossa habilidade de um determinado conhecimento, pois ela é o querer fazer.

Recomendo separar o CHA em dois grupos para poder trabalhar de forma prática as implantações dos projetos de Gestão por Competências. Esses dois grupos de Competências são:

Competências Técnicas: É tudo que o profissional precisa ter para desempenhar seu papel, que é expresso pelo C e o H do CHA, o "Saber" e o "Saber Fazer".

Competências Comportamentais: É o diferencial competitivo de cada profissional e tem impacto em seus resultados. Aqui, ele é expresso pelo A do CHA, o "Querer Fazer".

Conhecimento	Saber	Competência Técnica
Habilidade	Saber Fazer	
Atitude	Querer Fazer	Competência Comportamental

Algumas pessoas ficam inconformadas com essa definição pelo fato de relacionar a atitude ao querer fazer, alegando, com toda a razão, que não basta apenas querer fazer, é preciso fazer efetivamente. Esse é o ponto onde quero iniciar a nossa reflexão para a compreensão do que é atitude e a relação com os valores organizacionais.

O que é atitude, exatamente? Será que a controlamos? Será que controlamos ou gerenciamos as atitudes dos colaboradores da nossa empresa? A definição do CHA estaria errada?

O equívoco não está na definição do CHA, mas na interpretação do seu significado. Não vemos as atitudes das pessoas, vemos os seus comportamentos.

E veja o contra-senso: nós, gestores da área de Recursos Humanos, estamos propondo um sistema de controle comportamental ao extremo, ou seja, querendo que nossos colaboradores "tragam soluções para os problemas do dia-a-dia", que eles "auxiliem os colegas de trabalho", que eles "tomem todas as providências necessárias para atingir as metas acordadas", enfim, um sistema de controle rígido, tecnocrata, da época de Taylor e Fayol! Não é um grande paradoxo?

Vamos nos aprofundar nesta reflexão.

Não vemos as atitudes das pessoas, vemos os seus comportamentos. Em outras palavras, o comportamento é a materialização das atitudes das pessoas. Ainda parece confuso? Vamos simplificar.

Metáfora do Piso Molhado

Numa ocasião, tive a oportunidade de debater essa questão com meu amigo Willyans Coelho, diretor do Rh.com.br e idealizador do CONVIRH, o primeiro Congresso Virtual de Recursos Humanos no Brasil, já realizada a segunda edição em 2008 com grande sucesso e extrema qualidade e contribuição para a área de Recursos Humanos.

Construímos um exemplo, que vou reproduzir e que considero excelente para mostrar as diferenças.

Considere um piso muito bonito em um lugar de grande movimentação de pessoas e que esse piso está com uma poça d'água em um determinado local. Você é uma das pessoas da limpeza, está passando ali e observa a água no chão.

Para ilustrar a diferença de comportamento e atitude, vamos considerar três cenas nesse mesmo cenário.

1ª Cena:

Você observa a água, olha dos lados e não vê ninguém; então, você resolve fazer de conta que não viu a água no piso e vai embora.

2ª Cena:

Você observa a água no chão, olha dos lados e não vê ninguém, mas você se lembra do seu chefe e diz: "Puxa, se eu não limpar o chão, meu chefe vai pegar no meu pé"; e então, você vai e limpa o piso.

3ª Cena:

Você observa a água no chão e diz: "Alguém pode se machucar se escorregar nessa água. Deixe-me limpar esse chão imediatamente"; e então, você limpa o chão.

Conclusão:

- ○ Temos três cenas.
- ○ Temos dois comportamentos: limpar ou não limpar o chão. Nas cenas 2 e 3 o chão foi limpo.
- ○ Temos três atitudes diferentes. Na primeira cena, você "não estava nem aí com nada"; na segunda cena, você estava preocupado em não levar uma bronca do seu chefe; na terceira cena, sua preocupação era a segurança das pessoas.

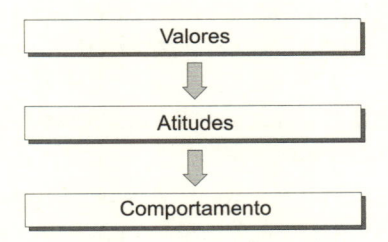

```
Valores
   ⇩
Atitudes
   ⇩
Comportamento
```

Se o que buscamos é um controle dos comportamentos das pessoas, a ferramenta de gestão por competências será um sistema de controle e coerção. Um sistema tecnocrata.

O comportamento é a materialização das atitudes das pessoas. Não vemos as atitudes das pessoas, mas conseguimos ver os comportamentos que elas demonstram.

Mas quem orienta nossas atitudes? Os nossos valores pessoais. Sim, são os Valores pessoais que norteiam nossas atitudes e que orientam nossos comportamentos. Por isso, não podemos ter pessoas em nossas empresas cujos valores pessoais são divergentes e conflitantes com os valores organizacionais. Isso jamais dará certo, porque, com os valores divergentes, essas pessoas terão atitudes também divergentes e, conseqüentemente, seus comportamentos serão diferentes dos comportamentos desejados. Ficaremos a vida inteira dando murro em ponta de faca e o comportamento não mudará!

Por isso, precisamos rever os conceitos de Gestão de Pessoas tradicionais, inclusive o de Seleção por Competências, pois trata-se da porta de entrada dos profissionais em nossas empresas. Da forma tradicional que é conduzida atualmente, ela analisa apenas os comportamentos, de acordo com o que é estimulado de ser feito em praticamente todos os livros que tratam esse assunto, mas isso não é o suficiente.

Recentemente, escrevi um artigo chamado "Seleção por Competências não funciona mais". Da forma que é difundida essa ferramenta por alguns profissionais, tem-se a impressão de que RH é uma área de festa, de "joguinhos" e "brincadeirinhas". Isso é ruim para a imagem do RH.

No livro que publiquei, chamado "Seleção e Entrevista por Competências com o Inventário Comportamental", apresento um novo Conceito em Seleção por Competências, em que, além das competências técnicas e comportamentais, afirmo ser preciso trazer a seleção de outras três importantes perspectivas.

A primeira trata dos Resultados. É preciso certificar se o candidato já atingiu resultados compatíveis com os resultados que a vaga exige. Se o candidato vai assumir uma vaga em que terá como meta aumentar a participação no mercado de 8% para 20% de um produto concorrendo com um grande líder de mercado e ele nunca executou uma meta similar a essa em toda a sua história, qual a probabilidade de ter sucesso? Vendo apenas suas competências comportamentais? Não parece amadora essa visão?

A segunda trata das Responsabilidades. Também é necessário constatar se o candidato já respondeu por responsabilidades de mesma complexidade das quais ele terá de executar na vaga que concorre. Por exemplo, se o candidato liderava uma equipe interna de cinco vendedores que trabalhavam com produtos praticamente sem concorrência, será que ele sairá bem administrando uma equipe de duzentos vendedores externos, com uma linha de produto de alta concorrência? Se o dinheiro fosse seu, você apostaria, vendo apenas comportamentos?

Por fim, a terceira vem ao encontro do que tratamos neste capítulo, pois trata da necessidade de constatar se os valores pessoais do candidato são compatíveis com os Valores Organizacionais, pois, se não forem, conforme comentado anteriormente, suas atitudes serão divergentes das esperadas pela organização e, conseqüentemente, seus comportamentos serão conflitantes com os comportamentos desejados. Se isso ocorrer, mal o candidato é contratado e lá estaremos nós, passando a vida inteira dando murro em ponta de faca e o comportamento não mudará!

E o problema é de quem, do candidato? Do colaborador? Não! O problema é do "RH Carneirinho", que tem uma visão míope e romântica do que é ser RH, que embarca na onda de consultores e autores que fazem malabarismos, expondo-se muitas vezes ao ridículo, ou fazendo de tudo um "oba-oba" e uma grande festa; fazendo com que muitos gestores, diretores, presidentes e empresários tenham repugnância ou preconceitos de RH, reafirmando que é uma área de "brincadeirinha" e, por isso, eles nos vêem como centro de despesa, e não como centro de lucro, pois essas atitudes não têm aderência e são facilmente esquecidas pelas pessoas. São tiros curtos.

Por isso, lancei o livro "Seleção e Entrevista por Competências com o Inventário Comportamental", pois, apesar de ser um tema muito "batido" em Recursos Humanos, senti a obrigação de dar minha contribuição para levar esse assunto às empresas com uma visão profissional e estratégica dessa importante ferramenta, que funciona, dependendo de sua condução.

Então, quer dizer que Gestão por Competências é mesmo um sistema tecnocrata, afinal, queremos o "chão limpo", utilizando a metáfora apresentada anteriormente? A resposta depende da conduta do gestor, pois o verdadeiro líder, quando um comportamento é divergente do esperado, ele não trabalha apenas o comportamento. É preciso trabalhar a Atitude do colaborador. Se esta não for trabalhada, provavelmente o comportamento indesejado voltará a existir. O verdadeiro líder trabalha as atitudes das pessoas, não apenas comportamentos. Essa é a grande diferença para fazer com que o sistema de Gestão por Competências não seja um sistema tecnocrata, mas sim de desenvolvimento e alinhamento das competências das pessoas, permitindo que elas atinjam os objetivos estratégicos da organização.

Mas como trabalhar as atitudes? Simples, mas trabalhoso. Enfatize o porquê do comportamento indesejado. Como ele reflete e impacta nos objetivos organizacionais. Como ele reflete nos valores organizacionais. Apresente ao colaborador quais são os valores organizacionais.

E se a sua empresa não tiver os valores claros e definidos, comece já a desenvolvê-los. E, por favor, não venha com aquela história que isso depende da alta direção, hein? Seja estratégico e mostre a ela onde está o problema e como este poderá ser resolvido. Seja estratégico. Seja um RH atuante e estratégico.

O que são os valores organizacionais?

Confesso que passei boa parte da minha trajetória profissional em um conflito do que deveriam ser os valores organizacionais. Sentia-me incomodado ao observar alguns valores de empresas como foco no cliente, integridade, ética, honestidade, lucro, autoconhecimento, autodesenvolvimento, entre tantos outros que encontramos nos sites da empresa, fazendo uma simples consulta pela internet.

Valores pessoais são os princípios morais e éticos de cada indivíduo, são seus princípios ou padrões sociais aceitos ou mantidos por ele.

Uma empresa é constituída de pessoas, logo, os valores organizacionais são as normas, princípios ou padrões sociais aceitos ou mantidos pela organização. São as crenças da organização, ou seja, a forma de agir ou com quais condutas e comportamentos a empresa acredita que vai atingir a Visão.

Valores são premissas, ou seja, são incorruptíveis. Quem não tiver os valores pessoais compatíveis com os valores organizacionais não pode permanecer na organização, não apenas para o bem da empresa, mas também para o bem da pessoa, para ela ser feliz de acordo com os seus princípios, e com os seus valores. Em outras palavras, se preciso for, é necessário, sim, demitir um colaborador que atinge resultados agindo por meio de valores que não sejam os organizacionais. Não é o resultado a qualquer custo, exceto se o resultado a qualquer custo for um valor da organização. Infelizmente, existem empresas assim, mas você não precisa ser um colaborador, tampouco um cliente dela.

Não vemos os valores, tampouco as atitudes das pessoas, logo os valores se materializam nos comportamentos observáveis. Mas a empresa deve ter uma lista dos comportamentos que acredita ser a forma que as pessoas devam agir para atingir sua visão. Dessa lista, os comportamentos que sejam premissas de conduta, ou seja, incorruptíveis, são os valores organizacionais.

Portanto, ao observar a lista de valores que as empresas divulgam em seus sites ou nas famosas plaquinhas espalhadas pelas suas dependências, podemos concluir que lucro, autoconhecimento, autodesenvolvimento e foco no cliente, por exemplo, podem até ser valores, mas a palavra por si só não é valor. Elas são "nomenclaturas-pré-valores". Para ser um valor é preciso expressar quais os comportamentos que a empresa acredita que seus colaboradores devam ter referentes a essas nomenclaturas, e que esses sejam premissas ou, simplesmente, incorruptíveis. Daí serão valores. Por exemplo:

Detalhamento do Valor Foco no Cliente
- Atender o cliente com presteza e cortesia.
- Manter contato constantemente com o cliente, promovendo um ambiente de segurança para gerar negócios.
- Apresentar uma solução para as necessidades do cliente de forma a satisfazê-lo.

O que mais importa é o impacto dessas "simples frases", pois, qualquer colaborador que não agir conforme esses comportamentos orientam, deverá ser excluído da organização – do faxineiro ao presidente, pois eles expressam os valores organizacionais e, portanto, são premissas, são incorruptíveis.

Não há dúvida de que integridade, ética e honestidade também são valores, mas qual é a empresa que não deva ser tudo isso? Mesmo assim, a mesma recomendação da anterior é válida, ou seja, se não tiver comportamentos claros e específicos, não serão valores. O que é ético para um pode ser diferente para outra pessoa. Em valores, não pode haver interpretação dúbia; portanto, clarifique.

A necessidade de cultivar Missão, Visão e Valores

A plaquinha para comunicar e divulgar Missão, Visão e Valores não é suficiente. É preciso cultivá-los a todo momento.

Talvez o exemplo que vou utilizar para ilustrar essa constatação somente seja compreendido na plenitude pelos leitores que se encaixam no perfil dos profissionais maduros, aqueles com idade acima de 35 anos, que comentei no capítulo anterior. Para os demais, uma simples consulta aos pais ou a algum colega de trabalho mais maduro poderá certificar.

Em minha época de escola, não era usada a atual nomenclatura de ensino fundamental. A nomenclatura utilizada era "primário", que envolvia da 1ª à 4ª série e "ginásio", para a 5ª à 8ª série. Então, quando estava no primário, sempre antes de iniciar a aula, todos os alunos iam para o pátio e a Bandeira Nacional era hasteada sob o Hino Nacional. Em datas especiais, também era entoado o Hino de Santo André, cidade da Grande São Paulo, o ABC Paulista, onde nasci, com muito orgulho, moro e onde fica a minha consultoria.

O silêncio e respeito eram totais. Pés justos, mãos colocadas para trás, ou mantidas paralelas ao quadril. Cantar em voz alta. Não era permitido o deslize do trecho "...conseguimos conquistar com *braços fortes*". Uma vez, a cerimônia foi interrompida e depois de uma veemente lição de cidadania e uma mescla de História e Português, reiniciamos o Hino, desde o começo, e não mais se ouvia um "s" no tal "braço forte". Conversar com o colega era sacrilégio. Mascar chiclete durante a cerimônia, então, era passivo de suspensão, e a reincidência seria expulsão.

Quando iniciei o ginásio, o costume mudou. Apenas ocorria a tal cerimônia somente às Quintas-feiras, (até hoje não sei o porquê desse dia da semana) e ainda, com o passar do tempo, deixou de ser toda a escola e eram escolhidos apenas dois ou três representantes de cada classe para a cerimônia.

No ano que concluí o ginásio não havia mais a tal cerimônia, somente nas datas comemorativas, como Proclamação da República e Independência do Brasil. Fico na dúvida se os alunos achavam bom ou ruim, pois era uma formalidade medonha e consumia alguns minutos;

por outro lado, para os alunos, digamos, menos dedicados, eram alguns minutos a menos de aula.

Ao trazer esse exemplo e o reflexo para os dias de hoje, ao ouvir o Hino Nacional ser cantado nos eventos esportivos, nos deparamos com um comportamento totalmente avesso tanto dos jogadores quanto da torcida, quando comparados ao da minha boa época de primário. Enquanto alguns jogadores continuam pulando para não perder o aquecimento, outros fazem de conta que cantam. Outros dão risadas, mandam beijinho para a câmera que os está focalizando. A torcida acena, manda tchauzinho, uns entoam o hino do time.

O que ocorreu com os valores referentes à Pátria que tínhamos na minha época de primário e que, agora, somente se manifestam em ano de Copa do Mundo, mais especificamente durante o mês do evento, e olha lá, pois se o Brasil não for bem, ainda há aqueles que ateiam fogo na Bandeira Nacional?!

A resposta é simples: os valores que não são cultivados deixam de existir. Por isso cantamos o Hino Nacional errado, se é que nos lembramos dele por completo; por isso mascamos chicletes e ainda cantamos ou fazemos piadas durante sua execução, pois os valores deixaram de ser cultivados.

A Geração Y, ao ler esse exemplo, certamente pode me achar "careta", mas não se atenha ao fato de cantar o Hino, por favor, entenda que tudo que não é cultivado morre, desde uma planta até os Valores Organizacionais.

Portanto, até é possível compreender o "radicalismo" (e não leia militarismo) quando os professores da minha época davam suspensão e até expulsão aos alunos que não cultivavam os valores de respeito à Bandeira Nacional, pois, se assim não o fizessem, estariam aceitando aquele comportamento, mesmo que as "regras escritas" registrassem que não era permitido (conforme tantos códigos de ética e normas que mofam nos manuais das empresas, pois ninguém olha para eles ou sequer lembra de sua existência), mas estariam invalidando a regra pela sua postura.

Meus professores faziam, já àquela época, o similar do que eu disse neste capítulo, ou seja, qualquer colaborador que não agir conforme os comportamentos dos valores organizacionais deverá ser excluído da organização, do faxineiro ao presidente, pois os valores organizacionais são premissas, são incorruptíveis. É isso que meus professores faziam ao punir um aluno que não tinha os valores da Bandeira Nacional.

Desde 2007, o governo de São Paulo decretou uma lei estadual que em todos os eventos esportivos no estado deverá ser executado o Hino Nacional. O paradoxo é que somente a lei ou fazer com que ela seja cumprida não basta, pois ela é similar à plaquinha que fica espalhada nas empresas divulgando a Missão, a Visão e os Valores. Se os conceitos e os motivos do que significa cada uma das palavras que os cartazes trazem não forem incansavelmente divulgados, relembrados, explicados a cada *feedback* ou a cada justificativa de decisão tomada, estes serão apenas uma plaquinha, que se perderá na parede, fazendo parte da paisagem em que todos sabemos que ela existe, mas não lembramos dela, ou fazemos menção a ela somente nos momentos de puro interesse.

Compete aos gestores divulgar e esclarecer a cada dia o que parece estar claro, mas é preciso reforçar a Missão, a Visão e os Valores, cultivando-os, como o profissional do campo que cultiva uma flor ou uma planta sensível, que tem a consciência de que, ao menor descuido, ela poderá morrer.

E compete ao RH estratégico certificar se os gestores estão agindo dessa maneira, fazendo intervenções se necessário, capacitando e desenvolvendo os gestores e garantindo que todas as ações de gestão de pessoas estejam alinhadas aos objetivos organizacionais e aos seus valores, sem medo de enfrentar e mostrar, com franqueza e clareza, o desalinhamento, para que possa ser corrigido imediatamente. Isso é ser um RH estratégico.

3

O Balanced Scorecard

O Balanced Scorecard, chamado também pela sigla BSC, é um instrumento de gestão de estratégia empresarial desenvolvido por Norton e Kaplan.

Equivocadamente, algumas pessoas dizem que o BSC é um instrumento de Gestão de Indicadores. Na realidade, essa ferramenta utiliza indicadores para certificar se a estratégia empresarial está sendo cumprida, mas, na essência, o BSC é uma ferramenta de gestão de estratégia empresarial. Conseqüentemente, o BSC também pode ser visto como uma ferramenta de Avaliação do Desempenho Empresarial.

Norton e Kaplan afirmam, ainda no prefácio de seu livro "A Estratégia em Ação", que os estudos que faziam os conduziam à necessidade de encontrar novos caminhos para a avaliação do desempenho empresarial. Segundo os autores, "...motivado pela crença de que os métodos existentes para avaliação do desempenho empresarial, em geral apoiados nos indicadores contábeis e financeiros, estavam se tornando obsoletos. Os participantes acreditavam que depender de medidas de desempenho consolidadas, baseadas em dados financeiros, estava prejudicando a capacidade das empresas de criar valor econômico para o futuro".

Princípios do BSC

Em outras palavras, o que o BSC apresenta é que não basta uma empresa estar bem financeiramente, por exemplo, pois isso não é a garantia de que ela existirá no futuro. É preciso ampliar a visão enxergando quais outros fatores ou componentes farão com que a empresa tenha condições de manter uma situação financeira estável. É preciso que a empresa faça algo a mais, além de cuidar do saldo da conta bancária.

Assim, Norton e Kaplan identificaram quatro perspectivas básicas que permeiam a estratégia empresarial. São elas:

○ Financeira.
○ Clientes.
○ Processos.
○ Pessoas ou Aprendizagem.

A perspectiva financeira deve conter o que a empresa deve conquistar ou manter para ser bem-sucedida financeiramente, abrangendo o aumento e *mix* de receita, redução de custos e aumento da produtividade, além da utilização de ativos.

A perspectiva clientes deve trazer como a empresa deve ser vista e percebida por seus clientes, para que ela possa cumprir sua visão. Que valores e diferenciais os clientes devem enxergar na empresa; nos produtos e serviços, quanto à funcionalidade e qualidade, além do preço; no relacionamento com o cliente; na imagem da empresa.

A perspectiva processos refere-se aos processos internos da empresa, ou seja, o que é necessário ter ou manter para atingir a excelência nas operações, justamente para atender às expectativas dos clientes e dos acionistas, pela perspectiva financeira. Devem constar nessa perspectiva os processos de operação, pós-vendas e de inovação.

Por fim, mas não menos importante, a perspectiva pessoas deve trazer os aspectos que os colaboradores devem ser supridos e as capacitações necessárias para que possam atender às exigências das perspectivas.

O modelo é flexível, permitindo a entrada de outras perspectivas, como, por exemplo, responsabilidade social e ambiental, para comporem o BSC.

Note que alguns fatores apresentados são tangíveis, mas outros são intangíveis e, independentemente dessa origem, ambos precisam ser contemplados pelo instrumento de gestão da estratégia empresarial. Fica o registro que uma forma de mensurar fatores intangíveis para compor o BSC é a avaliação qualitativa, dada por pesquisas de satisfação e de mercado.

Tais perspectivas não estão dispostas em uma ordem de casualidade. Os indicadores financeiros são atingidos à medida que a empresa atende e satisfaz seus clientes. Isso, por sua vez, só ocorre se os processos internos estiverem alinhados para alcançar a excelência. A excelência nos processos internos é conseqüência, além de sistemas que respondam adequadamente às necessidades organizacionais de pessoas motivadas e competentes.

```
        Financeira
            ↑
         Clientes
            ↑
        Processos
            ↑
     Pessoas/Aprendizado
```

Portanto, a perspectiva pessoas/aprendizado se faz necessária para a criação de valor e justifica a necessidade do investimento no Capital Humano para o cenário atual do mundo globalizado. Mais uma vez, são as pessoas que fazem e que são a empresa.

O BSC na Prática

Para implantar o BSC, é necessário que a empresa tenha clara sua Visão. O BSC é uma ferramenta para garantir que a empresa atinja a visão, daí a definição de ser uma ferramenta de Gestão da Estratégia Empresarial.

Contrariando uma questão lógica e essencial, muitas empresas não têm a Visão definida, e, pior, em estudo que realizei com Paula Falcão, grande amiga, especializada em Estratégia Empresarial, concluímos que em mais de 95% das empresas que pesquisamos, a definição da Missão e da Visão não existia, e quando existia, estava errada.

O número foi assustador. Mais assustador é compreender que o BSC é uma ferramenta que conduz a empresa para a Visão e, se a visão da empresa estiver errada, o BSC conduzirá para um lugar errado, não por falha desse instrumento, mas por falha da Visão.

O problema é estrutural e está antes da implantação do BSC, fato que é totalmente ignorado por um grande número de empresários, presidentes, diretores e gestores.

Essa realidade é simples de ser constatada, bastando fazer uma simples pergunta: "Qual é o negócio da nossa empresa?" ou "Qual é a visão da nossa empresa?". Faça o teste você mesmo. Pergunte aos gestores da sua empresa, aos seus amigos que trabalham em outras empresas se eles sabem exatamente o que significa a visão da empresa. Torço para que você e seus amigos fiquem na faixa dos 5% das empresas que pesquisei e, realmente possuíam uma atuação estratégica.

Mas se você ou sua empresa estiverem nos 95% que possuem problemas com a Visão, fique contente, pois isso significa uma grande oportunidade de trabalho e de desenvolvimento.

Assim, vale a seguinte recomendação:

Somente implante o Balanced Scorecard se sua empresa tiver certeza de sua Visão. Não corra risco de conduzir sua empresa para um objetivo errado. Inicie o trabalho pela construção ou Validação de sua Visão.

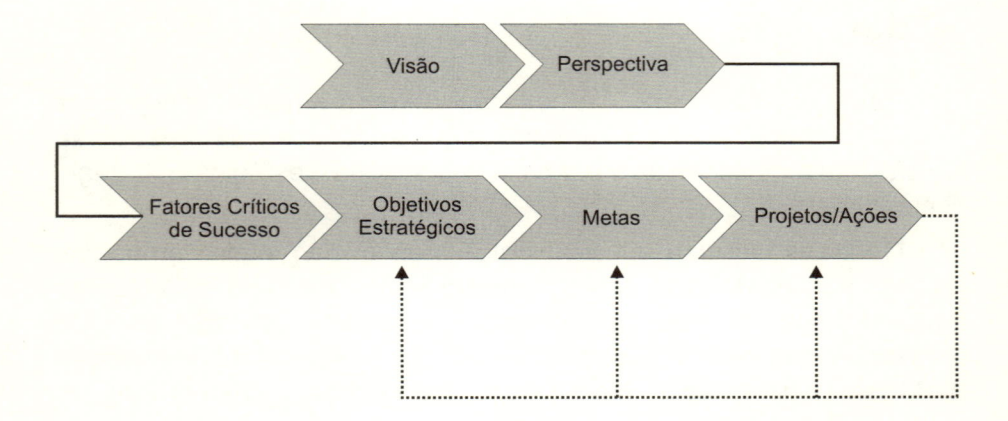

A visão norteia cada uma das quatro perspectivas do BSC. Cada perspectiva, por sua vez, alimenta dois ou três fatores críticos de sucesso.

Um fator crítico de sucesso é a base de sustentação da estratégia, ou seja, é algo que não mudará enquanto estiver valendo a visão da empresa. Cada fator crítico de sucesso alimenta dois ou três objetivos estratégicos.

Um objetivo estratégico é algo que deve ser conquistado ou mantido e que dá sustentabilidade ao fator crítico de sucesso. Um objetivo estratégico é um objetivo macro, um desafio a ser realizado. Também é preciso ressaltar que, diferentemente do fator crítico de sucesso, um objetivo estratégico pode mudar no decorrer do tempo, conforme a evolução da estratégia executada. Cada objetivo estratégico vai gerar diversas metas.

Metas são os resultados a serem alcançados, mas, para atingir uma meta, serão necessários projetos, planos e ações. Esses projetos, planos e ações podem gerar subprojetos, outras metas, ou mesmo impactar em outros objetivos estratégicos.

E o efeito ocorre em cadeia, numa seqüência de causa e efeito, ou seja, se um projeto não for realizado, a meta não é atingida, fazendo com que o objetivo estratégico não seja alcançado. Isso afetará o fator crítico de sucesso, que coloca em risco a materialização da visão da empresa.

Parece confuso? Vamos materializar com um exemplo do dia-a-dia e fora da realidade empresarial. Vamos falar no âmbito pessoal.

Considere a seguinte visão de um BSC pessoal: chegar aos 60 anos com qualidade de vida.

Montando um BSC para essa visão pessoal, podemos trabalhar com três perspectivas: Financeira, Saúde, Vida Social.

Na perspectiva "saúde" podemos ter os fatores críticos de sucesso "ter peso adequado" e "alimentação saudável". Isso significa que não importa o que ocorrer, será preciso ter peso adequado e uma alimentação saudável para ter saúde e, assim, chegar aos 60 anos com qualidade de vida.

Visão	Chegar aos 60 anos com Qualidade de Vida

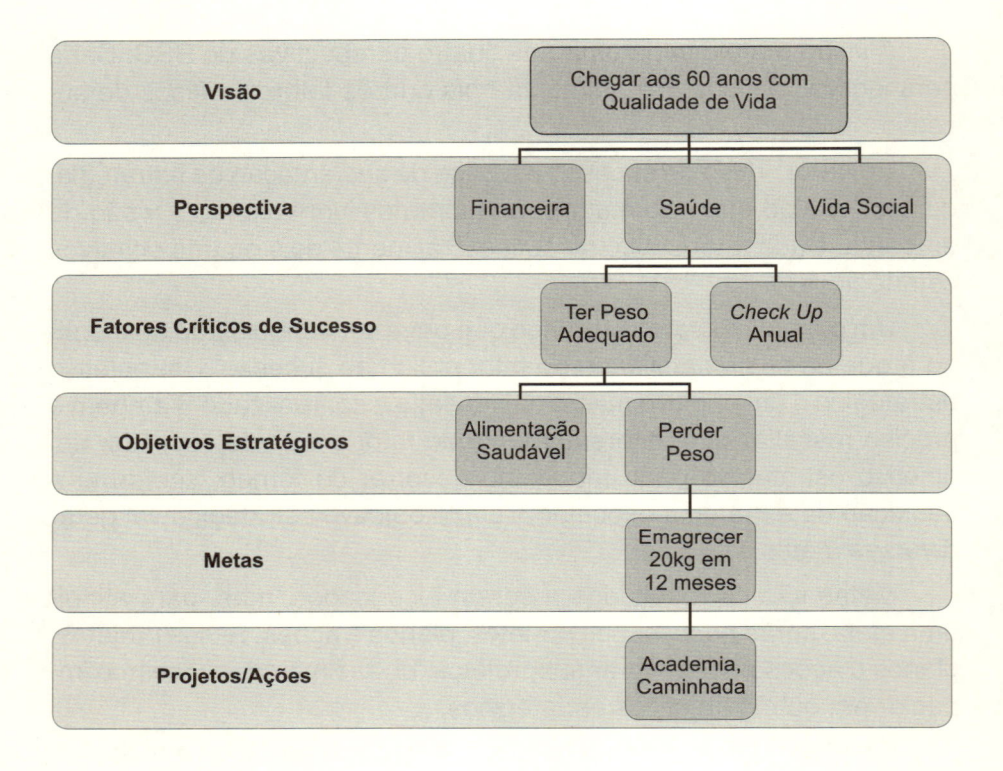

Perspectiva	Financeira	Saúde	Vida Social

Fatores Críticos de Sucesso	Ter Peso Adequado	Check Up Anual

Objetivos Estratégicos	Alimentação Saudável	Perder Peso

Metas	Emagrecer 20kg em 12 meses

Projetos/Ações	Academia, Caminhada

Se você estiver acima do peso (cenário atual), para atender ao fator crítico de sucesso "ter peso adequado", será preciso perder peso. Portanto, "perder peso", hoje, passa a ser o seu objetivo estratégico.

"Perder peso" é um objetivo, mas não está quantificado. Analisando o cenário ideal (visão de futuro) e comparando com a situação atual, deve ser constatado quantos quilos serão precisos emagrecer. A quantidade de quilos e o tempo em que isso ocorrerá geram a meta, por exemplo, 20 Kg em 12 meses.

Para cumprir a meta, será necessário desenvolver algumas ações, caso contrário, a meta não será atingida. Academia, natação, caminhada? É preciso desenvolver um projeto que dê sustentação à meta a ser alcançada, incluindo a procura de um médico, de um profissional de condicionamento físico e tudo mais.

Esse projeto deverá ser executado e não estará sob o olhar do BSC, pois essa tarefa compete aos sistemas de gerenciamento de projetos. O que estará sob a mira do BSC é o cumprimento da meta estabelecida, o produto final que o tal projeto se propõe, que, no caso, é perder os 20 Kg em 12 meses.

Passado o tempo e agindo para que a meta realmente seja atingida, aliás, é o que discutiremos a partir do próximo capítulo, quando entraremos na Gestão do Desempenho, o objetivo estratégico será alcançado.

Quando isso ocorrer, o objetivo estratégico, que antes era "perder peso", será alterado, pois agora não será mais preciso perder peso, ao contrário, se continuar perdendo peso, afetará o fator crítico de sucesso "ter peso adequado". Portanto, o objetivo estratégico será "manter o peso".

Mesmo alterando um objetivo estratégico, o fator crítico de sucesso não será alterado, no exemplo "ter peso adequado". Tampouco a visão de chegar aos 60 anos com qualidade de vida.

Agora, se a meta não for atingida, o objetivo estratégico também não será, fazendo com que o fator crítico de sucesso também não seja atingido e, conseqüentemente, a visão não será atingida.

Resumindo, o BSC se traduz em um grande painel para visualizar se a estratégia está sendo cumprida e, se não estiver, onde está o problema, para que possa ser feita uma ação de intervenção.

A metodologia do BSC-Participativo

Quando eu e Paula Falcão sentamos para discutir o BSC, estávamos motivados pelo fato de que a implantação da metodologia tradicional demandava tempo, dedicação e um profundo alinhamento da alta direção. Claro que isso é fundamental para o sucesso dessa e de qualquer ferramenta, mas sentíamos a falta de uma metodologia que levasse a tal alinhamento.

Para tanto, precisávamos constatar se havia um alinhamento entre as pessoas da organização sobre a Missão, a Visão e os Valores e, ainda, se as empresas acreditavam que estes estavam definidos corretamente. Também precisávamos constatar se de fato a Missão, a Visão e os Valores definidos traduziam realmente o que a empresa almejava, a ponto de facilitar a compreensão por todos dentro da organização.

Embora já prevíssemos o resultado da pesquisa que realizamos, citado anteriormente, confesso que o percentual tão alto de empresas que não possui a Missão, a Visão e os Valores corretamente definidos nos surpreendeu.

Assim, a proposta de desenvolvimento de uma metodologia de implantação do BSC que queríamos construir teria uma série de desafios, entre eles:

- Proporcionar a implantação do BSC mais rapidamente e de forma simples.
- Promover um alinhamento estratégico, não apenas de objetivos, mas também da Missão, Visão e Valores.
- Como se isso não bastasse, queríamos promover a participação não somente da alta direção, mas também envolver todos os níveis da organização, do chão-de-fábrica à presidência, facilitando a implantação e reduzindo a resistência natural das mudanças.
- A metodologia deveria ser viável para empresas de todos os portes, mas principalmente às pequenas e médias que não possuem a mesma possibilidade de investimentos das grandes empresas.

Para atender a essa demanda, e com muito orgulho da construção de um trabalho com a Paula, nasceu a metodologia que chamamos de **BSC-Participativo**.

O BSC-Participativo é uma ferramenta de construção e/ou validação da Missão, Visão, Valores (MVV) e da estratégia empresarial, de forma participativa, gerando comprometimento de colaboradores e gestores e que utiliza o BSC como ferramenta de controle do cumprimento da Estratégia para atingir a Visão.

Não inventamos, tampouco reinventamos o BSC. O que fizemos foi estruturar e sistematizar os processos de implantação do BSC, otimizando o tempo dos gestores, principalmente nas questões de alinhamento, em que, nos métodos tradicionais, havia muita discussão sem estar pautada em fatos e argumentações plausíveis.

Como os "prezados colaboradores" estão saturados de projetos e métodos que são empurrados para que sejam implantados, muitos deles trabalhados de maneira imposta, e tendo consciência da importância, amplitude e complexidade de um BSC, Paula e eu sabíamos da importância de ter um processo construtivo e participativo junto aos colaboradores, propiciando o comprometimento de todos da organização e diminuindo as resistências naturais de qualquer processo de mudança.

Assim, o BSC-Participativo foi gerado com a seguinte estruturação:

1. Identificação de Eixos ou Áreas da Empresa.
2. Aplicação do Inventário de Sinalizadores.
3. Validação da Missão de cada Eixo ou Área.
4. Treinamento de Pensamento Estratégico.
5. Aplicação do Inventário Estratégico.
6. Consolidação por Perspectivas.
7. Alinhamento Estratégico.
8. Construção ou Validação da Missão, Visão e Valores.
9. Identificação dos Fatores Críticos de Sucesso por Perspectiva.
10. Identificação dos Objetivos Estratégicos por Perspectiva.
11. Construção do Mapa Estratégico.
12. Identificação das Metas.
13. Elaboração de Projetos / Plano de Ação.
14. Montagem do Painel de Controle.
15. Capacitação para Intervenções e Melhorias.

Síntese das Etapas do BSC-Participativo

Apresentarei um resumo das etapas de implantação do BSC-Participativo, porém, sem entrar em suas minúcias. Primeiramente, porque esse não é o objetivo deste livro, depois, eu e Paula Falcão pretendemos lançar um livro especificamente sobre o assunto.

1. **Identificação de Eixos ou Áreas da Empresa**
   Separamos a empresa em eixos ou áreas de atuação, como, por exemplo, administrativo, financeiro, atendimento ao cliente etc.

2. **Aplicação de Inventário de Sinalizadores**
   Um grupo de colaboradores de cada área ou eixo respondem a um inventário de sinalizadores, que contém informações básicas, porém essenciais sobre a área, como qual a missão da área, propostas de indicadores para mensurar o desempenho, possibilidades de melhoria etc.

3. **Validação da Missão de cada Eixo ou Área**
   A validação da missão de cada eixo ou área da empresa é realizada em conjunto com o comitê estratégico, composto pela alta administração, justamente com o objetivo de iniciar todo o processo de alinhamento da empresa.

4. **Treinamento de Pensamento Estratégico**
   O mesmo comitê estratégico que faz a validação da missão das áreas ou eixos da empresa passará por um treinamento de pensamento estratégico, que tem o objetivo de ampliar a visão de negócio dos participantes para aumentar a qualidade no processo de construção do inventário estratégico.

5. **Aplicação do Inventário Estratégico**
   O inventário estratégico é um questionário a ser respondido pelo comitê estratégico. Ele contém informações sobre as perspectivas do BSC e ainda da Missão, Visão e Valores.

6. **Consolidação por Perspectivas**
   É realizada a consolidação do Inventário Estratégico por perspectiva, destacando as respostas conflitantes entre os integrantes do comitê estratégico, que deverão ser discutidas na próxima etapa.

7. **Alinhamento Estratégico**
   Cada resposta do inventário estratégico, já consolidada por perspectiva, é validada junto ao comitê estratégico e as divergências são discutidas até o alinhamento em cada tópico.

8. **Construção ou Validação da Missão, Visão e Valores**
   Com as informações listadas por perspectiva e ainda com aquelas referentes à Missão, Visão e aos Valores, temos os dados precisos e alinhados para a construção da Missão, Visão Valores.
   Um detalhe importante, justamente que sustenta a constatação feita na pesquisa que realizei junto às empresas para certificação da Missão, Visão e Valores, ocorre nessa etapa. Com toda a estratégia proposta pela metodologia do BSC-Participativo, quando chegamos a esse ponto, não temos características, desejos, sonhos ou devaneios. Temos dados precisos, apurados e alinhados pela alta direção, já com considerações apresentadas pela base da organização e que tornam a definição da Missão, Visão e Valores da empresa precisa, pois a metodologia proposta estrutura a análise de dados, diferentemente da forma tradicional que é conduzida, tanto da construção da Missão, Visão e Valores quanto da construção do BSC, pela metodologia tradicional.

9. **Identificação dos Fatores Críticos de Sucesso por Perspectiva**
   Da lista consolidada por perspectiva, encontram-se os fatores críticos de sucesso.

10. **Identificação dos Objetivos Estratégicos por Perspectiva**
    Dos itens remanescentes da lista consolidada por perspectiva que geraram os fatores críticos de sucesso encontram-se os objetivos estratégicos.

11. **Construção do Mapa Estratégico**
    De posse dos fatores críticos de sucesso e dos objetivos estratégicos é construído o Mapa Estratégico, que é uma ferramenta

que apresentará as relações e interdependência dos objetivos estratégicos para garantir que a Visão seja alcançada. O mapa estratégico servirá como bússola para os gestores em todas as suas ações e tem um aspecto fundamental nas tomadas de decisões, que deverão estar pautadas no mapa, sendo possível enxergar o impacto na estratégia da decisão tomada.

12. Identificação das Metas

Diferente da metodologia tradicional de construção do BSC, em que é determinado um patrocinador ou *sponsor* por perspectiva, no BSC-Participativo é o objetivo estratégico que fica direcionado a um patrocinador, e a perspectiva terá um gerente, que proporcionará o alinhamento das ações dos patrocinadores de cada Objetivo Estratégico.

O patrocinador do objetivo estratégico levantará as informações para as metas dessa perspectiva, utilizando como base os itens remanescentes da lista consolidada da perspectiva que gerou os fatores críticos de sucesso e os objetivos estratégicos. E também contará com o apoio do inventário de sinalizadores das áreas ou eixos da empresa, criado pelos colaboradores, utilizando as informações geradas e tendo a possibilidade de chegar a cada canto da empresa, muitas vezes desconhecidos pela alta administração.

13. Elaboração de Projetos / Plano de Ação

Para cada meta estabelecida é montado um projeto ou plano de ação que terá seu controle e gerenciamento pelos instrumentos de gestão específicos, como as ferramentas de Gestão de Projetos, cabendo ao BSC "apenas" o resultado final da meta estabelecida.

14. Montagem do Painel de Controle

Com toda a estrutura do BSC construída, é montado o Painel de Controle do BSC. Trata-se de um instrumento que permite aos gestores analisarem o cumprimento da visão da empresa, "navegando" entre as perspectivas, os fatores críticos de sucesso, os objetivos estratégicos e as metas, identificando fatores que estejam interferindo e que estão colocando em risco a visão da empresa, promovendo as intervenções necessárias para reverter o cenário.

15. **Capacitação para Intervenções e Melhorias**
    Uma necessidade constatada durante a construção e validação da metodologia do BSC-Participativo foi que os colaboradores são carentes de instrumentos e ferramentas que auxiliem na interpretação do Painel de Controle e que sistematizem e dêem sustentação às propostas de melhoria e intervenção nos planos de ação, projetos, nas metas e mesmo nos objetivos estratégicos. Portanto, consta nessa metodologia, e considero ser uma etapa fundamental, a preparação dos colaboradores que atuarão nessa importantíssima etapa de intervenção e melhorias, uma capacitação desses instrumentos de tomada de decisão e de propostas de melhoria. Essa capacitação é a sustentação para que o BSC não fique parado apenas no Mapa Estratégico.

Caso queira conhecer mais detalhes da metodologia do BSC-Participativo, antes da publicação do livro que lançarei com Paula Falcão, você pode participar dos treinamentos abertos ou *in company* que realizamos.

O site da minha empresa é www.lemeconsultoria.com.br e o de Paula Falcão é www.kdpkepler.com.br.

4

Gestão do Desempenho: Por que a Avaliação de Desempenho apenas não é suficiente

Alguns setores da área de Administração e também de Recursos Humanos fazem comentários que, de certa forma, são críticas à Avaliação de Desempenho, afirmando que o desempenho visa ao passado.

Concordo plenamente! A avaliação de desempenho por si só faz exatamente isso. Olhamos para o passado e vemos o que aconteceu, e saímos perguntando por que o resultado não foi alcançado ou a visão não foi atingida.

Note que esse não é o princípio do BSC, pois o Painel de Controle do BSC vai proporcionar que seja visualizado quais fatores estão interferindo no desempenho organizacional, colocando em risco a sua visão, instrumentalizando o gestor a fazer intervenções, agindo proativamente para que a Visão seja cumprida.

De posse desse conceito, reflita: não são as pessoas que compõem a empresa, conforme já discutido nos capítulos anteriores? Não são as pessoas que atingem as metas? Não são as pessoas que atingem a Visão?

Para fazer a Gestão de Pessoas não seria necessário um instrumento similar ao Painel de Controle do BSC, porém, voltado ao colaborador? Um instrumento que não faça apenas a apuração dos resultados, mas que permita também a visualização do que está ocorrendo, fornecendo ao gestor do colaborador uma forma de visualizar todos os fatores impactantes ao seu desempenho, proporcionando que faça uma intervenção precisa, garantindo que a entrega do colaborador esteja dentro das expectativas da organização? Claro que sim!

Isso é a Gestão do Desempenho, porque apenas a avaliação de desempenho não é o suficiente para garantir que os resultados sejam alcançados.

No meu segundo livro, "Avaliação de Desempenho com Foco em Competência – A Base para a Remuneração por Competências", também publicado pela Qualitymark, mas especificamente no Capítulo 8, afirmo que "*A Avaliação Desempenho com Foco em Competências* olha para o **futuro**, pois o futuro é o *desenvolvimento* das pessoas e os resultados obtidos no passado servem para ser analisados para a criação de novas estratégias e alternativas".

Acredito veementemente nesse conceito, mas ele por si só é insuficiente, pois, apenas com a avaliação de desempenho, mesmo no conceito de entrega que trabalho no livro citado, no mundo globalizado onde a concorrência é extremamente acentuada, pode não refletir o tempo de resposta adequado à estratégia e ao mercado. Ela pode não proporcionar para a empresa tempo suficiente para recuperar o espaço perdido, por um desempenho abaixo do necessário para atender e cumprir os objetivos do BSC. É preciso agir antes, para que os objetivos sejam alcançados, como representa a figura abaixo.

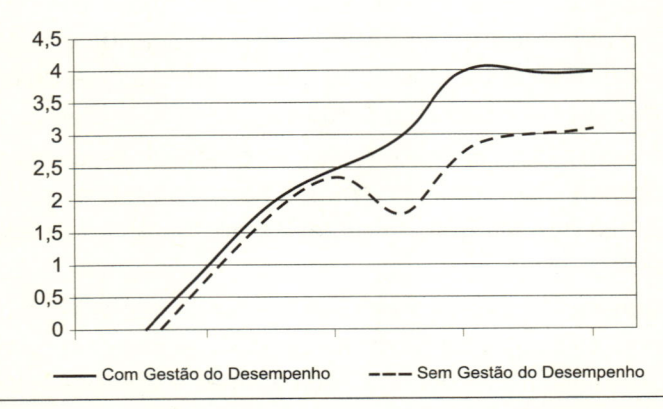

Comparação de desempenho com e sem a Gestão do Desempenho.

Conceito de Gestão do Desempenho

No livro "Gestão de Desempenho" da FGV Management, os autores Souza, Mattos, Sardinha e Alves trazem a seguinte definição para a Gestão de Desempenho:

"... considerando que nem sempre o trabalho executado corresponde às expectativas da organização, gerir o desempenho significa avaliar a extensão da discrepância, identificar os fatos geradores desta situação e, em seguida, intervir, tomando decisões para eliminar as variáveis constituídas em fontes de problemas..."

Os autores destacam que as variáveis das fontes de problemas podem ser delegação incompatível ao perfil de competência do colaborador, a desmotivação, a ausência de integração, a desestruturação do processo de trabalho, a ausência de nitidez quanto aos propósitos de trabalho, entre outras.

Destacam também que nem sempre o desempenho abaixo do esperado é fonte exclusiva da atuação do indivíduo, podendo sofrer interferências de fatores externos por variáveis em que o colaborador não tem autonomia ou controle.

Vantagens da adoção do modelo de Gestão do Desempenho:
- Gerar insumos relativos ao atendimento das necessidades do cliente.
- Permitir a alocação adequada dos ativos (recursos humanos e financeiros).
- Definir as expectativas de desempenho, ou seja, o grau de contribuição esperado do negócio.
- Reforçar os Valores e as posturas que são valorizados na organização.
- Conceituar desempenho esperado e obtido, com nitidez.
- Promover a divulgação do desempenho obtido em uma linguagem homogênea.
- Fortalecer o vínculo entre recompensa e resultados.
- Criar oportunidades de diálogo que fortaleçam o relacionamento interpessoal e estimular o desejo de mudanças pessoais.

- Sinalizar necessidades de ajustes às demandas de contexto.
- Estimular o autoconhecimento e autodesenvolvimento a partir da identificação de pontos críticos que:
  - favoreçam e dificultam o desempenho;
  - problemas de integração, socialização, gerenciamento e motivação, principalmente de potenciais;
  - perfis de competências aquém ou além do desejado;
  - necessidades de treinamento e desenvolvimento;
  - necessidades de redefinição de resultados;
  - necessidades de transferência, visando o enfrentamento de novos desafios.
- Cultivar a Missão, a Visão e os Valores da empresa, mantendo acessa a chama do entusiasmo e motivação do colaborador com os objetivos organizacionais.

Adaptado de Souza, Mattos, Sardinha e Alves, 2005, p. 26.

Princípios da Gestão do Desempenho

Com base nesses conceitos, é preciso construir de forma sistematizada um modelo de instrumento que permita a consolidação e, portanto, a visualização dos resultados dos diversos instrumentos de avaliação já existentes na empresa, oferecendo condições para que o gestor imediato do colaborador possa agir nas discrepâncias existentes entre o desempenho real e o esperado.

Além disso, é necessário haver nesse instrumento todo o processo de integração dos diversos instrumentos de avaliação de pessoas, de suas competências técnicas e comportamentais, da avaliação da forma que ele cumpre com suas atribuições e responsabilidades e, também, do alinhamento de todas essas ações com a estratégia da empresa, para que esta possa atingir sua visão.

Este é o mote deste livro: apresentar um instrumento de Gestão do Desempenho integrando as Competências e as avaliações de desempenho das pessoas com os objetivos organizacionais, estruturados pelo instrumento de Gestão da Estratégia empresarial, chamado Balanced Scorecard, o BSC.

Gestão do Desempenho
Integrando a Avaliação de Desempenho e de Competências com o BSC.

Não é possível fazer gestão estratégica de pessoas sem ter o alinhamento com a estratégia, e o instrumento que estará presente na maioria absoluta das empresas nos próximos anos é o BSC.

Portanto, você, caro amigo de Recursos Humanos, terá de aprender como funciona essa ferramenta e, além disso, desenvolver políticas de gestão de pessoas orientadas aos objetivos traçados no BSC. Isso é ser um RH estratégico.

Por outro lado, você, caro amigo gestor ou administrador, não é possível falar de BSC sem considerar as pessoas, suas competências e da necessidade de desenvolvimento dessas pessoas. Tanto que a perspectiva Pessoas/Aprendizado é a base de sustentação dessa metodologia.

O que não pode ocorrer é utilizar essas duas importantes ferramentas, o BSC e a Gestão por Competências, e todos os seus subsistemas, como a avaliação, o treinamento, o desenvolvimento, entre outros, sem que estejam integradas. Uma complementa a outra. Uma dá sustentação à outra.

Infelizmente, o que encontramos em muitas empresas é uma visão curta e, muitas vezes, amadora ao utilizar essas ferramentas isoladamente. Já estive em grandes empresas que afirmavam ter o BSC, até com informações no próprio site da empresa, e o RH sabia que tinha "alguma coisinha" a respeito, mas não sabia com detalhes do que se tratava.

E, também, já estive em empresas que focam apenas no BSC e não utilizam, ou consideram secundária, a Gestão por Competências.

É simplesmente um absurdo ter essas informações, esses sistemas de gestão desconexos. É incoerente. É, antes de tudo, perder tempo, dinheiro e deixar de ter condições de atingir os resultados organizacionais com eficiência, eficácia e efetividade.

Se houver essa desconexão em sua empresa, ótimo! Eis uma oportunidade para reverter o quadro. Se você vai implantar uma dessas ferramentas em sua empresa, excelente! Você saberá o que elas requerem de integração. Portanto, mãos à obra.

5

Premissas do Modelo de Gestão do Desempenho

Antes de detalhar o modelo de Gestão do Desempenho, é necessário apresentar alguns conceitos. Esses conceitos são aplicados nas empresas em que realizo consultoria e acredito serem fundamentais para se obter sucesso na gestão de pessoas e na gestão da estratégia empresarial.

Diferenças entre as Avaliações

Existem algumas confusões entre as avaliações que precisam ser esclarecidas para o entendimento do processo e a aplicação correta ao objetivo. Entre as existentes, citaremos as avaliações de desempenho, de resultados, de competências, de potencial e a avaliação de desempenho com foco em competências. Fica o registro que as diferenças aqui apresentadas não têm como objetivo explicitar a referência acadêmica ou teórica das diferenças entre elas, mas sim mostrar a prática da forma que é utilizada no mercado, integrando o cotidiano das empresas.

Avaliação de Desempenho

É a nomenclatura mais comum encontrada nas empresas. Geralmente elaborada através de um formulário desenvolvido pelo RH em que o superior imediato pontua seu liderado em uma escala do desempenho que teve em um determinado período, gerando, assim, o resultado de seu desempenho.

Geralmente, os itens a serem apurados pela avaliação são questões de cumprimento de normas e políticas da empresa, de resultados e algumas questões comportamentais.

Algumas empresas evoluem na construção do formulário, mas grande parte acaba caindo em alguns problemas básicos do instrumento de avaliação, como utilização de escala inadequada, falta de clareza nos parâmetros a serem avaliados, avaliar conceitos, construir uma avaliação ampla em vez de uma específica, entre outros.

Avaliação de Resultados

É uma avaliação similar à de desempenho, porém focada restritamente nos resultados e metas atingidos pelo colaborador. Alguns teóricos dizem que esse de fato é o desempenho do colaborador, o que particularmente não posso concordar, mas, como comentei no início deste tópico, não tenho como objetivo trazer conceitos acadêmicos ou teóricos, mas sim a visão do que ocorre no mercado.

Sua origem é da APO – Administração por Objetivos – instrumento que mensura o alcance de metas atingidas pelo colaborador. Apenas para registro histórico, houve uma variação da APO para APPO – Administração Participativa por Objetivos –, devido à forma que foi aplicada em sua implantação ser um tanto impositiva na definição dos objetivos, o que levou a certo problema nas empresas que adotaram, gerando o movimento participativo, com o objetivo de reduzir a rejeição ou problemas originados na implantação da APO; mas, na essência, ambas são iguais.

Avaliação de Competências

O assunto competências é antigo, mas de fato desembarcou com força nas empresas brasileiras nos últimos anos. Da década de 90 e a partir do ano 2000 tornou-se uma febre entre as empresas e, atualmente, até os governos federal, estaduais e municipais compartilham da necessidade da Gestão por Competências.

O problema aqui é muito sério, pois as empresas estão usando esse instrumento como "avaliação de desempenho", e avaliação de competências não é avaliação de desempenho. Em minha visão e experiência, afirmo que essas duas avaliações, de desempenho e de competências, são insuficientes, por serem incompletas, pois defendo a "avaliação de desempenho com foco em competências". Isso será discutido nos próximos tópicos.

O problema referente à avaliação de competências é que existe uma tendência de as empresas fazerem uma avaliação comportamental e utilizá-la como desempenho do colaborador. Conceitualmente, competência é um conjunto de Conhecimentos, Habilidades e Atitudes separado em dois grupos chamados Competências Técnicas e Competências Comportamentais, como tratamos no Capítulo 2, e o fato de avaliar somente a parte comportamental não pode ser chamado sequer de avaliação de competências, por faltar a parte técnica.

Uma avaliação de Competências é aquela que avalia as Competências Técnicas e Comportamentais de seus colaboradores em relação às competências que a empresa e, mais especificamente, que a função do avaliado precisa. Avaliação de Competências não é Avaliação de Desempenho, muito menos a avaliação de desempenho com foco em competências.

Avaliação de Potencial

Segundo o dicionário Aurélio, potencial significa "*respeitante a potência; virtual; possível*". Portanto, uma avaliação de potencial tem como objetivo identificar o que é "possível" de ser esperado (expectativa) de um indivíduo avaliado.

Em outras palavras, Avaliação de Potencial não é Avaliação de Desempenho, pois esta requer a mensuração do que o indivíduo realmente fez e executou.

Também não é Avaliação de Competências, pois esta tem como objetivo identificar a necessidade de treinamento do colaborador comparando as competências técnicas e comportamentais do colaborador mediante aquelas necessárias para a função que ele executa, e, em princípio, não de uma função que ele possa vir a executar.

Avaliação de Desempenho com Foco em Competências

Fazer Gestão de Pessoas por Competências somente com o conceito do CHA – Conhecimentos, Habilidades e Atitudes – é a base do processo, mas é insuficiente para uma Gestão Estratégica de Pessoas alinhada aos objetivos organizacionais.

Uma avaliação que mensura apenas Conhecimentos, Habilidades e Atitudes é incompleta, pois ela não identifica o que os colaboradores efetivamente entregam, agregam ou contribuem para a organização. Em outras palavras, é preciso ampliar o conceito teórico sobre competências e trazer para a visão contemporânea, adequada às necessidades dos gestores e da exigência do mercado atual: Competências pelo Conceito de Entrega do Colaborador.

O conceito de entrega do colaborador foi trabalhado por mim em meu segundo livro, "Avaliação de Desempenho com Foco em Competência", em que eu apresento uma metodologia para a mensuração do desempenho do colaborador pela composição de quatro perspectivas básicas:

○ Técnica.

○ Comportamental.

○ Resultados.

○ Complexidade.

As duas primeiras têm origem no CHA das competências; a terceira são os resultados, as metas e os objetivos alcançados para o colaborador. A Complexidade tem origem na descrição da função, que são as tarefas estratégicas que o colaborador realiza e a forma que são realizadas tem impacto nos resultados. Falaremos mais sobre a Complexidade no Capítulo 8.

Essas quatro perspectivas compõem o Coeficiente de Desempenho do Colaborador, que identifica a entrega do colaborador para a organização, ou seja, suas competências, mas, agora, no sentido amplo, e não limitado apenas ao CHA.

A ampliação do conceito do CHA para competências é uma visão que requer o alinhamento da Visão Estratégica da empresa. Joel Dutra traduz e complementa uma visão desses conceitos, também trabalhados por diversos autores, como Dalton e Thompson, Jaques, Towbottoom e Bílis e Stamp, entre outros, citando que "*o fato de as pessoas possuírem determinado conjunto de conhecimentos, habilidades e atitudes não é a garantia de que elas irão agregar valor à organização*" (Dutra, livro Competências, 2004).

Isso também pode ser visto na definição de Scott B. Parry, ao mencionar que o CHA **se relaciona com o desempenho**, logo o CHA **não é o desempenho**.

Toda empresa vive de resultados e é feita de seus colaboradores. Daí a afirmação de que o maior capital das empresas é o capital humano. Mas o capital humano precisa trazer resultados, caso contrário, a organização não sobreviverá nem para ela mesma, nem para seu capital humano. Fazer Gestão de Pessoas por Competências, então, passa a ser "Buscar Resultados com e através de Competências" através de seus colaboradores, e, para isso, somente o CHA é insuficiente.

Diferença entre Cargo e Função

Na visão acadêmica, cargo é "um conjunto de funções de mesma natureza e complexidade". Perfeito, se o mercado não tivesse distorcido esse sentido. Na prática, as empresas reúnem um conjunto de funções próximas, no sentido de "parecidas", e dão o nome de cargo à nova "criatura" gerada.

Por exemplo, o auxiliar administrativo, em que é possível encontrar em quase todos os departamentos da organização. Temos o auxiliar administrativo do Financeiro, do Faturamento, do Estoque, e assim por diante. Ora, os conhecimento e práticas que o auxiliar administrativo do Financeiro precisa ter para desempenhar o seu papel são totalmente diferentes do auxiliar administrativo do Faturamento. Se são diferentes, são funções diferentes, e as competências técnicas ou comportamentais necessárias também são diferentes, assim como suas atribuições e contribuições para que a empresa possa atingir a visão. Por "acaso" eles estão registrados com o mesmo título na folha de pagamento, mas são funções distintas.

Na essência do entendimento acadêmico, eles seriam de cargos diferentes, mas o mercado, na maioria das empresas, não age dessa forma.

O próprio RH das empresas comete esse deslize em sua área. É comum encontrarmos a seguinte nomenclatura de um profissional dessa área: "Analista de RH". Ao interpretar o que efetivamente esses profissionais fazem, identificamos que um atua em Recrutamento e Seleção, outro em Remuneração e outro em Treinamento e Desenvolvimento.

Tudo bem com o título para a folha de pagamento (gestão contábil de pessoas), mas o problema está que o profissional de Remuneração, por exemplo, não atua em Treinamento e Desenvolvimento, e este, por sua vez, não atua em Recrutamento e Seleção, e assim por diante. Logo, para a Gestão Estratégica de Pessoas, são funções diferentes e devem ser tratadas como diferentes. O correto é ter um título para cada atuação, por exemplo, Analista de Recrutamento e Seleção, Analista de Remuneração, Analista de Treinamento e Desenvolvimento, e assim por diante. A exceção fica para o caso de empresas que possuem profissionais de RH que atuam em todas as áreas simultaneamente.

Portanto, para a Gestão Estratégica de Pessoas, segundo o entendimento do mercado, cargo não é função, logo, o levantamento das competências, a avaliação e a gestão do desempenho devem ser feitos sobre a função.

Em função disso, um paradigma a ser quebrado é aposentar o termo "descrição de cargo" e usar a Descrição da Função. O reflexo dessa questão é amplo e nos dá melhores formas de análise e resultados assertivos. Imagine o impacto de uma pesquisa salarial, por exemplo, que, ao pesquisar uma atividade em uma empresa, utiliza como referência o cargo em vez da função? Corre-se o risco de equiparar salário de um Analista de RH que faz Recrutamento e Seleção com outro que faz Recrutamento e Seleção, Treinamento e Desenvolvimento e, ainda, Remuneração.

Outra questão importante a ser considerada é que em empresas que trabalham com cargo, o risco de processo trabalhista é maior, decorrente das alegações de disfunção. Apesar de ser uma prática errônea e não recomendada, é muito comum nas empresas.

Não há como negar que o número de funções é muito maior do que o de cargos e que essa decisão gera mais trabalho estrutural, mas somente durante a implantação. Trabalhar com função é mais assertivo, mais preciso, e contribui para a Gestão do Desempenho.

Órgãos do Governo ou empresas com uma estrutura muito grande sofrerão mais para trabalhar com função. Claro que a mudança não é possível de ser realizada totalmente em uma única ação. É preciso fazer gradativamente, área por área, secretaria por secretaria, não importa que leve alguns anos, mas faça. O resultado será muito maior e melhor.

Conceitos do Modelo de Gestão do Desempenho

O modelo de Gestão do Desempenho apresentado tem como foco a Gestão Estratégica de Pessoas, ou seja, ele é um instrumento similar ao Painel de Controle do BSC, porém voltado ao colaborador, contemplando um consolidado das informações nas quais ele está inserido e que afetam o seu desempenho, tais como:

- Competências técnicas e respectivos *gaps* de treinamento.
- Competências comportamentais e respectivos *gaps* de treinamento.
- As metas que deve atingir.
- As responsabilidades que deve cumprir.
- Registros de falhas ou quebra de procedimentos ou condutas.

Essas características estão baseadas no conceito da metodologia que desenvolvi e que está registrada no meu livro "Avaliação de Desempenho do Colaborador", justificada anteriormente, neste mesmo capítulo.

O modelo de Gestão do Desempenho vai gerar o **Painel de Desempenho do Colaborador**, que chamaremos de **PDC**, que é um Painel de controle, similar ao painel de controle do BSC, porém voltado a essas questões do colaborador.

Dessa forma, o gestor imediato do colaborador terá um instrumento que permitirá a visualização de tudo o que está ocorrendo com seu liderado, permitindo que sejam feitas as intervenções necessárias para garantir que os resultados organizacionais sejam atingidos, ou seja, que a entrega do colaborador seja dentro das expectativas da organização.

Vale ressaltar que este livro não trará os detalhes de como fazer o mapeamento e a avaliação em cada uma das perspectivas do modelo de Gestão do Desempenho, mesmo porque você pode utilizar metodologias diferentes daquelas que eu proponho que sejam usadas em cada perspectiva.

Para o leitor ter um contato inicial com as metodologias que proponho, o Anexo I traz o resumo da metodologia que publiquei no meu primeiro livro, chamada de Inventário Comportamental para Mapeamento de Competências, enquanto a metodologia da Avaliação de Desempenho com Foco em Competências será abordada a partir do Capítulo 6.

Fica, porém, o convite para que o leitor conheça tais metodologias por completo, pois elas auxiliarão no entendimento de todo o processo de avaliação de competências e da avaliação de desempenho com foco em competências.

Esses livros são, respectivamente, "Aplicação Prática de Gestão de Pessoas com Foco em Competências" e "Avaliação de Desempenho com Foco em Competência", ambos publicados pela Qualitymark.

Definição de Gestão do Desempenho

"Identificar as causas existentes entre as expectativas dos resultados a serem alcançados e o que efetivamente está sendo realizado, agindo proativamente nos fatores que são a causa do desempenho não adequado, transformando os problemas em oportunidades de melhoria."

O objetivo da Gestão do Desempenho é oferecer um banco de informações que possam ser utilizadas pelo gestor para promover as intervenções necessárias para conduzir os colaboradores a atingirem os resultados e objetivos alinhados ao planejamento estratégico. Esse banco de informações mencionado estará disponível no Painel de Desempenho do Colaborador, o PDC.

Para fazer a gestão do desempenho, é necessário que haja a "Avaliação de Desempenho com Foco em Competências".

A avaliação de desempenho com foco em competências é o instrumento que identifica as distorções entre o que é esperado e o que é realizado pelo colaborador, enquanto a gestão do desempenho é o agir nas causas dessas distorções.

A importância da compreensão do significado das palavras da Gestão do Desempenho

Segundo o dicionário Aurélio, "avaliar" é o ato de "determinar a valia ou valor de algo" ou "calcular; computar".

Na "Avaliação de Desempenho com Foco em Competências", avaliar é determinar o valor do desempenho realizado pelo colaborador referente aos objetivos organizacionais.

Ainda segundo o dicionário, "desempenho" significa "resgatar o que dera como penhor; livrar de dívidas; cumprir aquilo que se estava obrigado; executar".

Por fim, quero ainda trazer o significado de "empenho", que, segundo o dicionário, significa "ato de dar a palavra em penhor; obrigação".

Essas análises sustentam o princípio do modelo de Gestão do Desempenho, pois alguns passos são fundamentais de serem alcançados para o sucesso do modelo.

O primeiro passo para a Gestão do Desempenho é o "momento do empenho", ou seja, um instrumento formal em que são esclarecidas todas as expectativas do que é esperado do colaborador, seja de suas competências técnicas e comportamentais, seja dos resultados que ele deve atingir e das responsabilidades que deverá cumprir.

Sem o momento do empenho, o colaborador poderá desempenhar (executar) seus trabalhos de forma não alinhada aos objetivos e às expectativas da empresa.

A execução (desempenho) conforme fora empenhado passa a ser a obrigação do colaborador (conforme a definição de desempenho, "cumprir aquilo que se estava obrigado").

Com base do que fora empenhado e desempenhado, a avaliação do desempenho passa a ser um instrumento objetivo, claro e justo, pois passará a ser o apontamento do realizado (da definição de avaliação "calcular; computar").

Dessa forma, o gestor terá condições de identificar o que exatamente foi desempenhado, diferentemente do que fora empenhado. Mais importante do que isso, o colaborador terá consciência da discrepância, pois ele participou do momento do "empenho".

"Não há como ter Avaliação de Desempenho sem o momento do Empenho, tampouco a Gestão do Desempenho."

A estratégia "Empenho x Desempenho x Avaliação de Desempenho" oferece condições de aumentar o nível de consciência de gestores e colaboradores, do que é esperado de cada colaborador e ainda como ocorrerá sua avaliação, tornando os processos transparentes, evitando protecionismo ou preconceitos.

Como expressado anteriormente, o instrumento da Avaliação de Desempenho é um instrumento que visa à análise do passado, ou seja, do que já ocorreu e não é passivo de ser alterado.

Daí a necessidade do modelo de Gestão do Desempenho, que tem como foco a constatação do presente e a visão do futuro, ou seja, quais são as discrepâncias existentes entre o empenho e o desempenho, para que sejam colocadas em práticas imediatamente as ações necessárias para que os objetivos organizacionais sejam atingidos.

Ao optar por esse instrumento, a empresa assume um compromisso implícito de promover um ambiente de desenvolvimento de infra-estrutura e de pessoas, por meio de investimentos estratégicos e capacitação e desenvolvimento de seus colaboradores.

Tais investimentos poderão ter os efeitos e impactos identificados pelo Mapa Estratégico do BSC, sustentando a necessidade de desenvolvimento, e, ainda, caso a empresa opte por não investir, ela saberá exatamente, pelo próprio Mapa Estratégico, quais os reflexos que ocorrerão na conquista da Visão organizacional.

O instrumento de Gestão do Desempenho não tem como objetivo fazer a avaliação de desempenho, tampouco classificar os colaboradores segundo diretrizes de diferenciação, como as utilizadas pela GE e divulgada pelo seu ex-presidente, Jack Welch. Essa missão é da Avaliação de Desempenho com Foco em Competências, pois a Gestão do Desempenho trabalhará com o foco na identificação dos fatores que interferem para que os resultados sejam alcançados e, principalmente, antes da data de apontamento da meta estabelecida.

A liderança na Gestão do Desempenho

É importante salientar que:

"Um processo de gestão de desempenho efetivo, sob um enfoque sistêmico, depende não só de instrumentos e estratégias mas, sobretudo, de uma liderança eficaz e eficiente, que constitui o elo desse alinhamento.
Cabe aos gestores a promoção das adaptações necessárias que demandam um processamento sistêmico."
Souza, Mattos, Sardinha e Alves, 2005, p. 31.

Essa importante afirmação ressalta que o instrumento de Gestão do Desempenho por si só não resolve o problema. Ações de capacitação e de desenvolvimento das lideranças são fatores críticos de sucesso para a implantação e utilização dessa metodologia.

Resumo das premissas do modelo de Gestão do Desempenho

○ Não há desempenho sem empenho.
○ Não é possível avaliar o desempenho daquilo que não fora empenhado.

- Não há gestão de desempenho sem a avaliação de desempenho.
- Avaliar o desempenho não é o suficiente.
- Gestão do desempenho não é avaliação do desempenho.
- A avaliação de desempenho deve trazer o conceito de entrega do colaborador.
- A entrega do colaborador é obtida pela avaliação de desempenho com foco em competências, por meio das perspectivas técnica, comportamental, resultados e complexidade.
- Priorizar o processo realizado por função e não o cargo.
- O modelo de Gestão do Desempenho não é tudo, pois depende da atuação da liderança.
- A liderança precisa produzir o elo entre o desempenho do colaborador e a expectativa organizacional.
- Para o sucesso do modelo de Gestão do Desempenho, é preciso um forte processo de desenvolvimento e capacitação da liderança.
- Gestão do Desempenho não é feita para avaliar, tampouco fazer a diferenciação de desempenho dos colaboradores, pois esse papel compete à avaliação de desempenho com foco em competências.
- Gestão do Desempenho requer o instrumento chamado Painel de Desempenho do Colaborador.
- Gestão do Desempenho irá proporcionar ao gestor agir proativamente nas discrepâncias entre o desempenho esperado e o realizado pelo colaborador, preferencialmente, antes da data de apontamento da meta estabelecida.

6

O Painel de Desempenho do Colaborador

O PDC – Painel de Desempenho do Colaborador – é semelhante ao painel de controle do BSC, porém voltado às questões que impactam o desempenho do colaborador.

A proposta do PDC é oferecer ao gestor imediato do colaborador um instrumento que permitirá a visualização de tudo que está ocorrendo com seu liderado, permitindo ao gestor fazer as intervenções necessárias para garantir que os resultados organizacionais sejam atingidos, ou seja, que a entrega do colaborador esteja dentro das expectativas da organização.

O gestor imediato do colaborador terá acesso a um painel eletrônico onde conseguirá visualizar e monitorar todas as informações que compõem o desempenho de cada membro da sua equipe.

```
PDC - Painel de Desempenho do Colaborador                               [X]

Colaborador: Fulano de Tal                         Outras Informações

Geral | Técnica | Comportamental | Resultados | Responsabilidade | Convenção

                        0  10 20 30 40 50 60 70 80 90 100 120%
   Competência Técnica:     ███████████              52%
   Competência Comportamental: ████████               37%
   Resultados :              ████████████████         80%
   Responsabilidades:        ██████████████████████  116%
   Convenção:                Nenhuma ocorrência
   C.D.C.:                   77%
```

O objetivo do PDC é fornecer informações macro do desempenho do colaborador por meio da guia Geral e informações detalhadas pelas demais guias. Com isso, o gestor terá informações precisas para agir proativamente com seus liderados, focando para que os resultados organizacionais sejam atingidos.

Guias do Painel de Desempenho do Colaborador

O PDC é composto por seis guias, cada uma trazendo as informações das perspectivas que compõem a Avaliação de Desempenho com Foco em Competências. São elas:

- Guia Geral, com um consolidado das demais guias do PDC.
- Guia Perspectiva Técnica.
- Guia Perspectiva Comportamental.
- Guia Perspectiva Resultados.
- Guia Perspectiva Complexidade.
- Guia Convenção.

Vamos detalhar cada guia do Painel de Desempenho do Colaborador, porém, como a guia "Geral" contém o consolidado das demais guias, ela será a última a ser apresentada.

Ainda neste capítulo veremos as guias das perspectivas técnica e comportamental. O Capítulo 7 traz a Perspectiva Resultados; o Capítulo 8, a Perspectiva Complexidade; enquanto o Capítulo 9, traz as guias Convenção e Geral.

Perspectiva Competência Técnica

Nessa guia, cada competência técnica necessária para a função é apresentada no painel. O exemplo traz apenas quatro competências técnicas, mas o painel deverá apresentar quantas competências existirem para a função.

O PAINEL DE DESEMPENHO DO COLABORADOR 63

```
PDC - Painel de Desempenho do Colaborador
Colaborador: Fulano de Tal          Outras Informações
Geral | Técnica | Comportamental | Resultados | Responsabilidade | Convenção

              0    1    2    3    4    5     Legenda da Escala de Competência
    Inglês:                                   0 - Não possui Conhecimento
                                              1 - Possui apenas Conhecimento
     Word:                                    2 - Possui Conhecimento e Prática em nível Básico
                                              3 - Possui Conhecimento e Prática em nível Intermediário
    Excel:                                    4 - Possui Conhecimento e Prática em nível Avançado
                                              5 - É multiplicador
   Resina:

 Legenda:
    ▬ Nível Competência da Função – NCF
    ▬ Nível de Competência do Colaborador – NCC
```

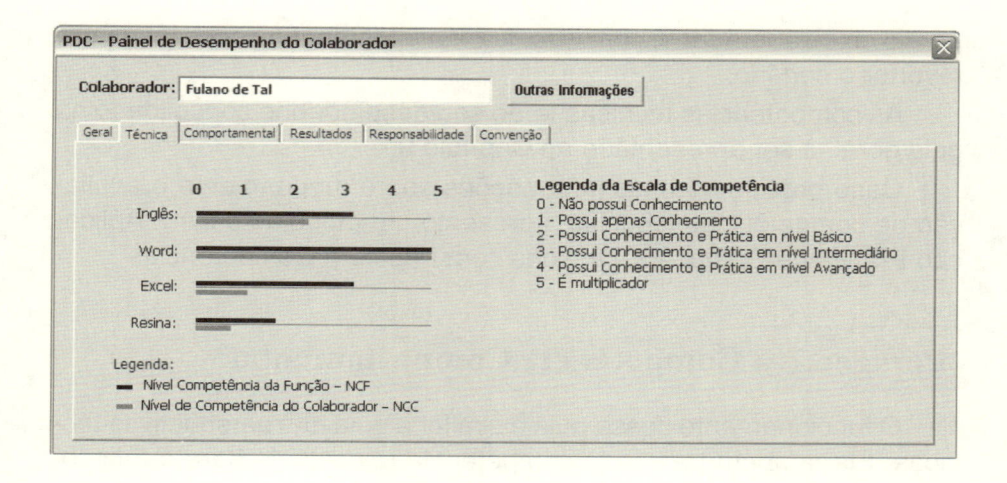

Cada competência possui o nível necessário para a função, representado pela sigla NCF, que significa Nível de Competência da Função. Logo abaixo, temos o nível de competência que o colaborador possui, representado pela sigla NCC – Nível de Competência do Colaborador.

A escala que utilizo nos processos de execução que realizo é de 0 a 5, que traz as seguintes características:

○ 0 – Não possui Conhecimento.

○ 1 – Possui apenas Conhecimento.

○ 2 – Possui Conhecimento e Prática em nível Básico.

○ 3 – Possui Conhecimento e Prática em nível Intermediário.

○ 4 – Possui Conhecimento e Prática em nível Avançado.

○ 5 – É multiplicador.

Caso você utilize outra escala ou forma de avaliação de competências técnicas, o funcionamento do PDC é o mesmo, basta fazer a adaptação da escala para o formato utilizado por sua empresa.

Com essa guia, o gestor poderá facilmente constatar se existe um fator referente à competência técnica que está impactando no desempenho do colaborador e, com isso, fazer a intervenção necessária para reverter o cenário.

As competências técnicas terão seu desempenho consolidado na guia geral, a ser apresentada no Capítulo 9.

Caso precise de mais informações sobre mapeamento e avaliação de competências técnicas, apresento um modelo no livro "Aplicação Prática de Gestão de Pessoas com Foco em Competências".

Perspectiva Competência Comportamental

O funcionamento dessa guia é similar à guia das perspectivas técnicas. Ela também traz cada competência necessária para a função, porém referente às competências comportamentais.

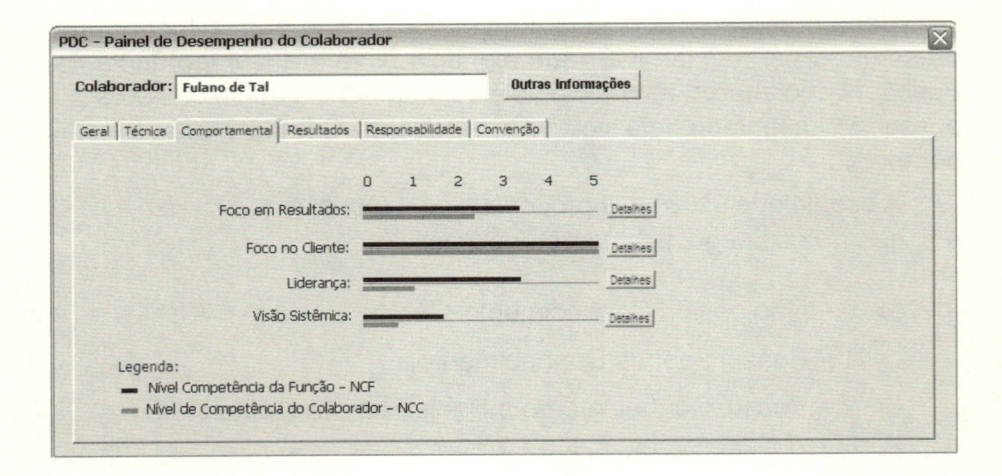

```
PDC - Painel de Desempenho do Colaborador
Colaborador: Fulano de Tal          Outras Informações
Geral | Técnica | Comportamental | Resultados | Responsabilidade | Convenção

                       0    1    2    3    4    5
   Foco em Resultados: ▬▬▬▬▬▬▬▬▬▬▬▬▬▬▬        Detalhes
       Foco no Cliente: ▬▬▬▬▬▬▬▬▬▬▬▬▬▬▬       Detalhes
            Liderança: ▬▬▬▬▬▬▬▬▬▬▬▬           Detalhes
        Visão Sistêmica: ▬▬▬▬▬▬▬              Detalhes

Legenda:
  ▬ Nível Competência da Função - NCF
  ▬ Nível de Competência do Colaborador - NCC
```

O exemplo traz apenas quatro competências comportamentais, mas o painel deverá apresentar todas as competências da função.

Cada competência possui o nível necessário para a função, representado pela sigla NCF, que significa Nível de Competência da Função. Logo abaixo temos o nível de competência que o colaborador possui, representado pela sigla NCC, Nível de Competência do Colaborador.

Se você utilizar a Metodologia do Inventário Comportamental, além do nível da competência da função e do colaborador, poderá explorar em quais comportamentos o colaborador possui necessidade de desenvolvimento. A utilização desse Modelo de Gestão do Desempenho, junto com a Metodologia do Inventário Comportamental, traz ganhos significativos para a gestão de pessoas, em função da praticidade e da especificação dos comportamentos da função e do colaborador, uma vez que essa metodologia trabalha com indicadores de competências, que são os comportamentos observados.

Em outras palavras, ao observar no painel, por exemplo, o *gap* que o colaborador possui na competência "foco em resultado", pressionando o botão "detalhes" o gestor poderá saber como foi a avaliação de cada comportamento que compõe essa competência. Se a avaliação utilizada foi a de múltiplas fontes, como a avaliação 360º, o gestor poderá observar como foi a avaliação de cada grupo de avaliador, como pares, subordinados, a auto-avaliação, clientes e fornecedores internos e, também, a avaliação do próprio gestor, identificando exatamente quais os comportamentos estão influenciando no desempenho.

Dessa forma, o gestor passa a ter detalhes preciosos e minuciosos, caso seja necessário compreender como os comportamentos estão influenciando nos resultados, permitindo que faça a intervenção necessária para garantir que a Visão da empresa se concretize.

Se você utiliza outra metodologia de mapeamento e avaliação de competências, terá de fazer as adaptações conforme o modelo utilizado. Mas, se a metodologia que sua empresa utiliza não usa indicadores de competências para avaliar, se a avaliação comportamental que utiliza for subjetiva, ou ainda, se precisar de mais informações sobre mapeamento e avaliação de competências comportamentais, faço o convite para que leia o resumo da Metodologia do Inventário Comportamental para Mapeamento de Competências, apresentada no Anexo I, e o livro "Aplicação Prática de Gestão de Pessoas com Foco em Competências".

7

Perspectiva Resultados

Essa perspectiva deve trazer todas as metas estabelecidas (leia empenhadas) com o colaborador.

É fundamental que a meta empenhada seja registrada em um documento formal, pois ela tem validade de um contrato. Se a meta não for registrada pode transparecer que ela não tem tanta relevância, e na correria do dia-a-dia, como a música do Chico Buarque diz, a "roda-viva" pode deixá-la cair no esquecimento.

É exatamente nesse ponto que ocorre a integração entre os sistemas de Gestão da Estratégia Empresarial, feita pelo BSC, com o sistema de Gestão de Pessoas, pela Avaliação de Desempenho com Foco em Competências.

Embora a integração dessas informações ocorra pela perspectiva resultados, é importante ressaltar que o desempenho do colaborador não é apenas os resultados que ele alcança. Se assim fosse, não seriam

PDC- Painel de Desempenho do Colaborador

Colaborador: Fulano de Tal   Outras Informações

Geral | Técnica | Comportamental | Resultados | Responsabilidade | Convenção

Período: 2008/jan

	Meta		Realizado		Desempenho	
Visitas Realizadas	60	un	81	un	120 %	Detalhes
Valor médio do pedido	30.000,00	R$	23.450,00	R$	78 %	Detalhes
Reativação de clientes sem pedidos nos últimos 180 dias	30	un	5	un	16 %	Detalhes
Abertura de novos clientes	5	%	1	%	0 %	Detalhes

necessários os valores organizacionais, pois bastaria atingir os resultados, mesmo a qualquer custo, até destruindo a equipe; logo, não seria necessária a avaliação comportamental, por exemplo.

A integração entre BSC e Gestão de Pessoas ocorre nessa perspectiva, pois os colaboradores precisam gerar resultados, sem dúvida, e a gestão do desempenho utiliza como referência as metas que o colaborador precisa atingir, analisando tudo que está a seu redor, para identificar quais são os fatores que estão ocorrendo, evitando que os resultados sejam atingidos.

Somente através dos resultados conquistados pelos colaboradores ocorrerá a materialização da Visão Organizacional. São esses resultados que vão contribuir para que os Objetivos Estratégicos do BSC sejam alcançados, assim, esses objetivos estratégicos darão sustentação aos fatores críticos de sucesso, proporcionando o equilíbrio à perspectiva que se refere ao resultado, fazendo com que a visão da organização seja atingida.

Integração entre o BSC e a Avaliação de Desempenho com Foco em Competências

As metas que compõem essa perspectiva podem ser individuais ou coletivas.

Metas individuais são aquelas direcionadas diretamente ao colaborador, cujo apontamento ocorrerá de forma individualizada. Por exemplo, uma equipe de vendas pode ter dez vendedores e ficar estipulado que a meta é vender R$ 100 mil de um determinado produto. Se cada vendedor tiver de vender R$ 100 mil, essa meta é individual, mesmo que todos os vendedores tenham que atingir a mesma quantidade de vendas. O que caracteriza uma meta individual é o fato da sua apuração.

Nem todas as metas são individuais. Existem metas que podem ser determinadas para uma equipe, como, por exemplo, a condução de um projeto. Claro que, dependendo do projeto, é possível individualizar a meta, ou seja, determinar que uma etapa um colaborador executará e outra etapa, outro colaborador. Mas nem sempre isso é possível.

PERSPECTIVA RESULTADOS **69**

Balanced Scorecard

Visão → Perspectiva

Fatores Críticos de Sucesso → Objetivos Estratégicos → METAS → Projeto/Ações

Integração

Avaliação de Desempenho com Foco em Competência

Competência Técnica → Competência Comportamental → Resultados → Complexidade

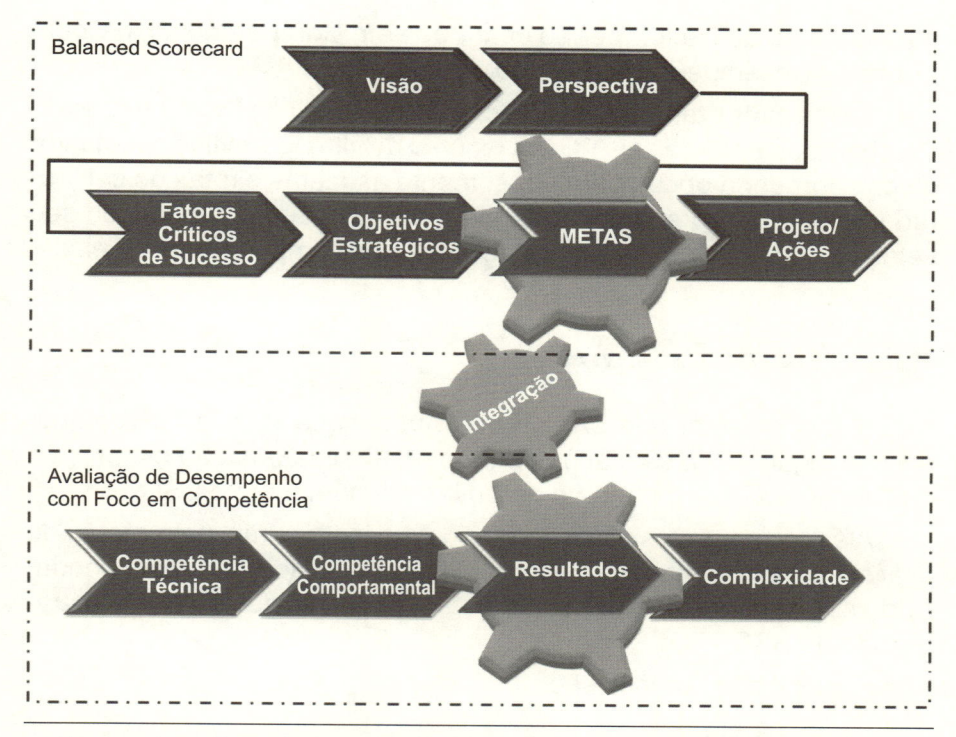

Integração entre os sistemas de Estratégia Empresarial, o BSC, e de Gestão de Pessoas, a Avaliação de Desempenho com Foco em Competências.

Compete ao gestor fazer o desmembramento de uma meta, optando se será trabalhada individualmente ou se será coletiva, como de uma equipe, por exemplo. Para isso, é fundamental ter como referência a diretriz organizacional, que pode solicitar uma prioridade para serem trabalhadas metas individuais, para poder mensurar com mais precisão a contribuição e a produtividade individual.

Aprofundando um pouco mais sobre as metas, também podem existir metas coletivas de uma função, em que todas as pessoas da mesma função deverão atingir determinado resultado; metas coletivas de um departamento ou setor; metas coletivas de uma unidade de negócio; por fim, metas coletivas de uma organização.

Todas as metas, individuais ou coletivas, devem compor a avaliação de desempenho do colaborador, gerando, segundo a metodologia da Avaliação de Desempenho com Foco em Competências, o Coeficiente de Desempenho do Colaborador.

Essas metas também devem compor o Painel de Desempenho do Colaborador, embora seja útil um recurso de filtro, permitindo ao gestor do colaborador a opção para ver somente as metas diretas do colaborador, as metas da equipe a que ele pertence, da sua função, do seu setor, da sua unidade, da organização ou uma composição entre elas.

Classificação das Metas

É fundamental que cada meta empenhada com o colaborador possua algumas classificações para permitir uma atuação estratégica da Gestão do Desempenho e garantir o alinhamento ao BSC.

Além disso, a classificação proposta servirá como instrumento de avaliação da forma que o gestor imediato do colaborador está conduzindo sua equipe e empenhando metas alinhadas aos objetivos estratégicos do BSC.

Essas classificações são:

1. Parametrização do Objetivo Estratégico do BSC.
2. Classificação de Impacto e Dificuldade da Meta.
3. Período de execução e apuração da Meta.

1. Parametrização do Objetivo Estratégico do BSC

Ao determinar uma meta, é importante registrar a qual objetivo estratégico do BSC essa meta está atendendo. Conseqüentemente, além de saber o objetivo estratégico, saberemos qual a perspectiva que estará sendo trabalhada.

No Capítulo 1, quando propus algumas reflexões para identificar se você faz parte de um RH estratégico, mais especificamente na questão "Apenas acatamos as decisões ou participamos de sua construção e, quando necessário, discutimos a postura tomada?", promovia a reflexão se você agia como beato, dizendo amém a todas as decisões vindas, ou se questionava querendo saber por que deveria fazer o projeto e o impacto nos objetivos e na estratégia da empresa. A parametrização do objetivo estratégico do BSC ao empenhar vem justamente instrumentalizar essa questão, ou seja, esclarecer por que é preciso realizar essa meta, qual o grande objetivo, qual a contribuição que ela dará à Visão para ser atingida.

Ao mesmo tempo, essa classificação deixa transparente para o colaborador o impacto que teremos na Visão Organizacional se não atingirmos a meta empenhada.

A Gestão do Desempenho não é um instrumento de coerção, pelo contrário, é um instrumento de construção do objetivo maior, que é a Visão da Empresa. Se o colaborador que deverá atingir a meta não compreender sua importância e o grau de nobreza que ela tem, a meta corre o risco de nascer já com o resultado apurado, ou seja, pode não ser atingida.

Mais uma vez, a importância da liderança na gestão do desempenho, pois ela é a responsável para criar uma atmosfera de altíssima confiança e credibilidade entre as partes e dar instrumentos para que o colaborador se motive, gerando o comprometimento de *todos* e proporcionando que *todos* trabalhem pelo prazer de garantir que a visão da empresa seja atingida por meio de um contrato psicológico de trabalho, pois o trabalho será uma fonte de inspiração, de desafio, de superação e evolução pessoal.

Existem outras finalidades para essa classificação. Registrar qual o Objetivo Estratégico do BSC será trabalhado na meta gera um instrumento de Gestão do Desempenho dos Gestores. Parece confuso? Vamos esclarecer.

O gestor é o grande responsável para conduzir as pessoas para atingirem a visão da organização através de suas competências técnicas e comportamentais. Essa é a definição de Gestão por Competências que discutimos anteriormente. Também discutimos que não basta ter a competência; é preciso entregá-la, e o que complementa essa questão são os resultados, embora o conceito de entrega do colaborador ainda exija a análise das responsabilidades, que será discutida no próximo capítulo.

O gestor traça as metas para sua equipe e as empenha com seus colaboradores. Mas o que ocorre se o gestor não trabalhar alguns dos objetivos estratégicos previstos no BSC com sua equipe? E o que ocorre se ele não trabalhar objetivos estratégicos de todas as perspectivas que ele deve trabalhar? Essa é uma importante questão a ser considerada na Gestão do Desempenho, pois o BSC vai apurar o fato de uma perspectiva não estar sendo atingida, sem dúvida, mas o papel da Gestão do Desempenho é identificar os fatores que estão afetando o desempenho esperado, incluindo o gestor.

Para atender a essa demanda, é preciso saber quais objetivos estratégicos o gestor está trabalhando com sua equipe e ter a visualização do que ele está deixando para trás.

Nesse momento você pode estar pensando: "Puxa, mais um controle, assim é difícil colocar essas questões na prática!" Você poderia estar certo, mas aguarde a boa notícia, pois se você praticar a classificação de qual objetivo estratégico a meta estará atendendo, esse controle já estará pronto, pois é apenas um simples relatório das metas.

Nesse relatório deverão constar o gestor, as metas que empenhou com sua equipe e os resultados atingidos em cada meta; e ele deverá ser classificado por Objetivo Estratégico e por Perspectiva do BSC.

Dessa forma, o "gestor do gestor" (por exemplo, o gerente do supervisor ou o diretor do gerente) terá em mãos informações precisas para complementar a análise da gestão do desempenho de seu liderado, identificando as ações que ele vem realizando e as metas que vem empenhando com sua equipe, visualizando o impacto no BSC.

2. Classificação de Impacto e Dificuldade da Meta

Ao registrar uma meta, é recomendada a classificação do impacto e da dificuldade de execução da meta.

Trata-se de um recurso que tem, como primeiro objetivo, perceber a complexidade de sua execução de uma meta, informação esta a ser considerada na Gestão do Desempenho.

Recorrendo ao dicionário para compreender a essência da palavra complexidade: significa qualidade do que é complexo. Complexo, por sua vez, é aquilo "que abrange ou encerra muitos elementos ou partes".

Na complexidade, estão envolvidos a dificuldade, o conjunto de relações, de interdependência das partes que envolvem a ação, entre outras características, e também o impacto dessas ações na organização.

A utilização da classificação de impacto e dificuldade, e recomendo ser realizada para cada meta, surgiu de uma demanda que eu tinha para resolver uma equação na metodologia que uso para a avaliação de desempenho, a Avaliação de Desempenho com Foco em Competências, mais especificamente na perspectiva chamada Complexidade, em que trabalhamos as responsabilidades das atribuições do colaborador, conforme será apresentado no próximo capítulo.

Na ocasião, precisava não apenas visualizar, mas também comprovar por números que as responsabilidades executadas pelos colaboradores possuíam graus de dificuldade diferentes. Era sabido que esses graus de dificuldade impactavam na possibilidade de movimentação das pessoas em suas carreiras, mas ainda procurava a forma de ter essa visualização e, conseqüentemente, a referência numérica que almejava.

Em determina ocasião, conversava com um amigo de adolescência, o Alexandre Giomo, que hoje trabalha na área comercial de minha empresa, e ele resgatou o gráfico de impacto e de dificuldade, que não é novidade no meio acadêmico. Tal gráfico me inspirou para promover uma ligeira adaptação da idéia original, trazida pelo Alexandre, e determinar níveis de dificuldade e impacto na organização, resultantes dos cruzamentos de seus eixos, gerando os graus de complexidade e a referência numérica que precisava.

Mas faltava ainda a conceituação do que significariam os níveis Alto, Médio e Baixo. Nessa questão, um consultor e grande amigo, Romeu Huczok, que fez o prefácio do meu livro "Feedback para Resultados na Gestão por Competências com a Avaliação 360º", por ter sua grande especialização em planos de cargos e é o meu parceiro nos trabalhos que executo nessa área, elaborou esses conceitos. A mim coube apenas alguns pequenos ajustes e a consolidação da idéia do conceito, que, diga-se de passagem, tem sido muito útil nos trabalhos de consultoria que tenho executado.

Essa é a vantagem de ter amigos que contribuem para o processo, mesmo porque uma idéia não nasce e não é gerada sozinha ou do nada. Sempre é necessária a contribuição de várias pessoas e, além dos meus amigos e colegas de trabalho, tenho o privilégio de ter clientes exigentes, que contribuíram e contribuem para a construção das soluções que compartilho com o RH pelos treinamentos que realizo e pelos meus livros. Um parêntese para meus agradecimentos a todos que contribuíram para esses conceitos, mas não poderia deixar de registrar esses fatos.

Retomando o processo de classificação do impacto e dificuldade, trouxe para a perspectiva resultados esse recurso, gerando o seguinte gráfico e conceitos de classificação.

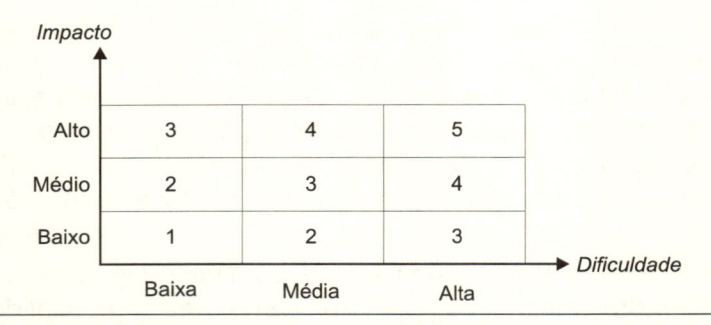

Impacto	Baixa	Média	Alta
Alto	3	4	5
Médio	2	3	4
Baixo	1	2	3

Classificação de Impacto e Dificuldade das Metas.

Do cruzamento da dificuldade e do impacto, encontramos o grau de dificuldade da meta. Por exemplo, uma meta com dificuldade média e alto impacto na organização é classificada com grau 4, e uma outra, de mesma dificuldade, mas baixo impacto, grau 2.

Para auxiliar na classificação, seguem os conceitos de baixo, médio e alto, para o impacto e dificuldade.

Impacto:

- ○ **Alto**: o resultado obtido com a meta permitirá atingir um Objetivo Estratégico do BSC na totalidade ou em grande parte, gerando impactos positivos no negócio, sendo perceptíveis pelos clientes e acionistas.

- ○ **Médio**: o resultado obtido com a meta contribuirá para atingir um Objetivo Estratégico do BSC, embora outras ações ainda sejam necessárias. Os impactos positivos nos resultados serão perceptíveis diretamente em áreas específicas, sem uma abrangência maior, como a uma área da empresa ou somente a clientes.

- ○ **Baixo**: o resultado obtido com a meta contribuirá apenas com uma pequena parcela para atingir um Objetivo Estratégico do BSC. Os impactos positivos nos resultados serão perceptíveis muito pouco no negócio, tendo maior repercussão interna.

Dificuldade:

- ○ **Alta**: para atingir a meta, o responsável deverá pesquisar novas informações ou conhecimentos que a empresa ou ele ainda não possuem, ou utilizar conhecimentos técnicos muito especializados, com poucos recursos ou baixo apoio da estrutura, requerendo um esforço muito acima do normal, como negociações em vários níveis, quebrar paradigmas ou barreiras de vários tipos.

- ○ **Média**: para atingir a meta, requererá do responsável um bom esforço para conseguir, mas dentro de uma normalidade, utilizando seus conhecimentos mais um pequeno adicional. Deverá utilizar os recursos existentes na estrutura, requerendo negociações para atingir seus objetivos.

- ○ **Baixa**: para atingir a meta, o responsável deverá utilizar pouco ou no máximo um grau normal de esforço, com conhecimentos e recursos ao seu dispor.

Os conceitos aqui apresentados são generalistas, cabendo adaptações para cada empresa onde a metodologia for aplicada, reduzindo, assim, a subjetividade de classificação, podendo ser acompanhada de exemplos do dia-a-dia da empresa.

Além de perceber o grau de complexidade da execução de uma meta, podemos acrescentar tal informação naquela listagem proposta anteriormente da análise de metas que o "gestor do gestor" deve utilizar, por objetivo estratégico e por perspectiva do BSC. Assim, ampliamos o poder de análise da Gestão do Desempenho realizada pelo gestor, permitindo a visualização se está ocorrendo uma concentração de metas mais complexas em uma área ou mesmo a um colaborador em detrimento de outros colaboradores com condições de entregar mais para a organização e que possam estar com metas menos complexas.

Como já mencionado diversas vezes, o objetivo da Gestão do Desempenho é proporcionar ao gestor, inclusive ao gestor do gestor, dados para a apuração dos fatores que possam interferir no desempenho a ser alcançado, e, a análise da complexidade das metas, é mais uma importante informação.

3. Período de execução e apuração da Meta

Talvez a proposta desse item seja a mais polêmica ou difícil de ser executada de todo este livro e da Gestão do Desempenho, mas eu não poderia deixar de trazer essa questão para promover uma reflexão, pois não basta fazer o trivial ou fazer o que sempre foi feito, é preciso quebrar paradigmas se quisermos sobreviver ao mundo globalizado e competitivo. Pode ser polêmica, mas é lógica. Reflita.

Se Gestão do Desempenho não é Avaliação de Desempenho, tampouco Avaliação de Desempenho com Foco em Competências, porque desempenho é aquilo que fora executado, portanto, é passado, e não podemos mudar o passado, não é possível fazer Gestão do Desempenho com metas anuais, semestrais, quadrimestrais, trimestrais ou mesmo metas bimestrais. É preciso reduzir, ao máximo, o período entre o empenho e uma prévia da avaliação de desempenho para que seja feita a Gestão do Desempenho, pois, se isso não ocorrer, você não terá a Gestão do Desempenho e, mesmo, o Painel de Desempenho do Colaborador será apenas mais uma "telinha bonita" para compor o amontoado de telas dos diversos sistemas que existem dentro de uma empresa e que são utilizados menos de 10% dos seus recursos.

Imagino que essa afirmação esteja caindo como uma bomba em sua cabeça, mas reflita, adote a linha de pensar diferente e quebrar paradigmas que você constatará que faz sentido.

Se você retornar para a última página do Capítulo 5, no resumo das premissas da Gestão do Desempenho, encontrará a seguinte questão:

A Gestão do Desempenho irá proporcionar ao gestor agir proativamente nas discrepâncias entre o desempenho esperado e o realizado do colaborador, preferencialmente, antes da data de apontamento da meta estabelecida.

Isso significa que o único período em que você poderá agir para fazer a Gestão do Desempenho da sua equipe é antes do apontamento oficial da meta estabelecida. Já é assim para os líderes que conduzem suas equipes para atingirem os resultados. Veja o exemplo.

Se os representantes comerciais de uma empresa precisam vender R$ 100 mil no trimestre, não adianta eu, como gestor da equipe comercial, esperar o fim do trimestre para checar com cada representante o quanto eles venderam. Isso não é gestão do desempenho, é avaliação de desempenho. Nota a diferença?

Como gestor, devo acompanhar semanalmente, quiçá diariamente, sua evolução, tomando as providências necessárias para certificar que a meta seja atingida. Se na minha equipe eu tiver dez representantes comerciais, e cada um com uma meta de vender R$ 100 mil, como gestor, sou o responsável por uma meta de R$ 1 milhão em vendas no trimestre, não é o meu vendedor o responsável, não, tampouco é ele que responderá à alta administração!

Como no futebol, se a equipe não atingir os resultados, um ou outro jogador até pode ser responsabilizado, mas quem tem a cabeça jogada aos leões é o treinador.

Daí o termo gestor, aquele que gere, que administra, que tem gerência sobre os resultados. E como quem atinge os resultados são as pessoas, a gerência deve focar os "prezados colaboradores".

"Identificar as causas existentes entre as expectativas dos resultados a serem alcançados e o que efetivamente está sendo realizado, agindo proativamente nos fatores que são a causa do desempenho não adequado, transformando os problemas em oportunidades de melhoria."

Claro que nem todas as metas poderão ser trazidas para um período de 30 dias. Não é esse o objetivo. As que forem possíveis, ótimo! Mas não há dúvida de que no mínimo a cada 30 dias é preciso o gestor sentar com cada um de seus liderados e apurar as parciais, fazer o empenho das novas metas.

Com as metas de médio e longo prazo, a cada 30 dias deve ser feita a gestão do desempenho e reafirmar o empenho, para que haja tempo possível para, segundo a definição da Gestão do Desempenho *"agir proativamente nos fatores que são a causa do desempenho não adequado, transformando os problemas em oportunidades de melhoria".*

8

Perspectiva Complexidade

```
PDC - Painel de Desempenho do Colaborador
Colaborador: Fulano de Tal                    Outras Informações

Geral | Técnica | Comportamental | Resultados | Responsabilidade | Convenção

                                              Inaceitável
                                                 Insuficiente
                                                    Regular
                                                      Boa
                                                       Precisa
                                                         Supera

Promover a integração entre a equipe comercial e técnica        50%  Detalhes

Desenvolver novos fornecedores, negociando contratos e condições de
atendimento alinhados ao programa de qualidade                  100% Detalhes

Representar a empresa nos eventos de negócios da área da qualidade  30% Detalhes

Garantir os processos de qualificação e de certificação dos programas de
qualidade junto a clientes e fornecedores                       120% Detalhes
```

Antes de falar sobre essa guia do Painel de Desempenho do Colaborador, é preciso falar sobre o que deve conter essa perspectiva e ainda a justificativa de o nome da guia estar como "Responsabilidade" e a perspectiva se chamar "Complexidade".

Conceitos sobre Complexidade

A Perspectiva Complexidade no processo da Avaliação de Desempenho com Foco em Competências tem o objetivo de avaliar se o colaborador está executando as atribuições relacionados em sua descrição de função. Aliás, não apenas se ele executa ou não suas responsabilidades, mas também a qualidade com que ele as executa.

Infelizmente, a grande maioria das empresas se esquece de contemplar essa perspectiva em seus processos de avaliação, e eu entendo que ela é fundamental. Veja um exemplo.

Imagine um colaborador que tem sua parte técnica desenvolvida plenamente, ou seja, ele é 100% na parte técnica. Na parte comportamental ele também é um "show de bola" e está com 100%. As metas que foram traçadas para ele foram todas cumpridas com precisão, ou seja, 100% dos resultados atingidos.

Tudo bem, você já deve estar querendo saber o telefone desse cidadão, não é? Mas digamos que, para atingir suas metas ele deixou de cumprir algumas obrigações registradas em sua descrição de função.

A essa altura você deve estar pensando: "Ah, espera um pouco... O cidadão é perfeito técnica e comportamentalmente, além disso, ele atingiu todas suas metas e você está colocando defeito? Promova-o para minha empresa".

Tudo bem, você até pode estar certo, mas o que quero ilustrar com esse exemplo é que o fato de ele ter deixado de cumprir com aquilo que está registrado em sua descrição de função não mais permite dizer que o seu desempenho foi 100%, concorda?

Então, o processo de avaliação precisa contemplar essa importante característica, é o que faz a Avaliação de Desempenho com Foco em Competências.

Esse é o conceito da perspectiva complexidade. Lembre-se de que a descrição de função é, antes de tudo, o primeiro contrato de empenho do colaborador. Ele precisa executar o que estiver descrito nesse documento e, se tiver algo que ele deva fazer que não contenha no documento, ou, ainda, se ele não deve fazer algumas questões que estão ali registradas, é sinal da necessidade de rever imediatamente sua descrição de função. Mãos à obra! Como você irá empenhar para que o colaborador desempenhe, para que você avalie o desempenho e possa fazer a Gestão do Desempenho?

Na descrição de função existem as atribuições que podemos classificá-las em tarefas e responsabilidades. As tarefas são aquelas que são processuais e que não geram impacto considerável no negócio, diferentemente das responsabilidades que geram, devido à ação tomada a partir de uma informação, o grau de autonomia, entre outras características que formam as dimensões da responsabilidade.

Por exemplo, "analisar o crédito do cliente" é uma tarefa e não uma responsabilidade, pois trata-se apenas de um procedimento a ser executado. Agora, se o profissional tiver a seguinte tarefa: "analisar o credito do cliente, liberando ou bloqueando o faturamento dos clientes B e C e, para os clientes A, enviar o relatório de recomendação ao seu superior", essa sim é uma responsabilidade, pois a informação obtida foi aplicada, e esta gera um impacto no negócio.

Claro que todo conteúdo da descrição de função é importante de ser realizado, porém, poderia tornar inviável a avaliação de todas as atribuições nela registrada. Não que isso não possa ser feito por sua empresa se assim for determinado, mas, com base na regra de Paretto, podemos otimizar esse processo, avaliando apenas aquelas que possuem maior impacto, ou seja, as responsabilidades.

Com essa breve introdução sobre a complexidade, pode compreender a importância que avaliar as responsabilidades tem no processo da Gestão do Desempenho. Caso queira mais informações sobre essa perspectiva, você encontra no livro "Avaliação de Desempenho com Foco em Competência".

A Complexidade na Gestão do Desempenho

Você ainda deve estar curioso em saber o porquê do termo complexidade e não responsabilidade nessa perspectiva. Primeiramente, na guia do PDC, o termo Responsabilidade é para associar o que essa guia efetivamente apresenta, que são as responsabilidades da descrição de função.

Mas o nome complexidade está associado a outro objetivo em utilizar essa perspectiva, que é justamente perceber qual o grau de complexidade que o colaborador está apto a exercer.

Le Boterf, autor francês, em seu livro "Desenvolvendo a Competência dos Profissionais", define como profissional "aquele que administra uma situação profissional complexa". Dutra complementa o significado de complexidade como "o conjunto de características objetivas de uma situação as quais estão em um processo contínuo de transformação".

Portanto, os itens que contemplam essa perspectiva não são processuais e podem sofrer "mutações" a cada nova execução, exigindo a aplicação de conceitos, a materialização de idéias, da análise da interdependência entre as tarefas, enfim, como a própria definição do dicionário para o termo complexidade diz, a execução dessas atividades "abrange ou encerra muitos elementos ou partes".

Para um sistema de gestão de pessoas e, ainda mais, para fazer a Gestão do Desempenho, é preciso conhecer qual o grau de complexidade que os colaboradores executam e que possam vir a executar, justamente para canalizar os esforços e montar a estratégia para atingir os resultados organizacionais, materializando a sua visão.

Há um fato importante a ser considerado. Existem graus diferentes de complexidade nas responsabilidades executadas pelos colaboradores, sendo necessário que, na Gestão do Desempenho, o gestor possa visualizar esses diferentes níveis de complexidade e como cada colaborador responde àquilo que é exigido dele. É preciso falar em números!

Para resolver esse impasse, basta utilizar o conceito da classificação de impacto e dificuldade em cada responsabilidade, de forma similar, porém com alguns ajustes, daquela que foi aplicada na perspectiva resultados, gerando o gráfico apresentado na próxima página e conceitos de classificação a seguir.

Classificação de Impacto e Dificuldade das Responsabilidades

Do cruzamento da dificuldade e do impacto, encontramos o grau complexidade da responsabilidade. Por exemplo, uma responsabilidade com dificuldade média e alto impacto na organização é classificada com grau 4, e uma outra, de mesma dificuldade, mas baixo impacto, grau 2.

Para auxiliar na classificação, seguem os conceitos de baixo, médio e alto, para o impacto e dificuldade.

	Baixa	Média	Alta
Alto	3	4	5
Médio	2	3	4
Baixo	1	2	3

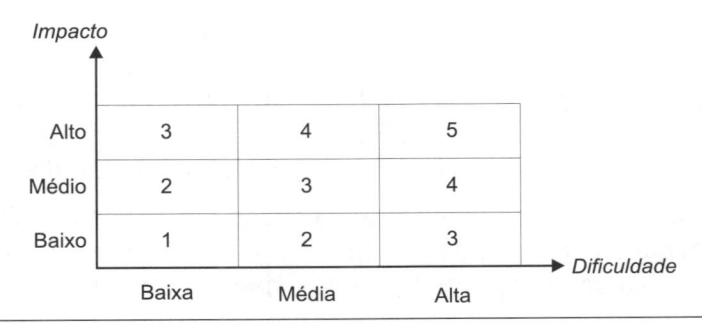

Eixo vertical: *Impacto*. Eixo horizontal: *Dificuldade*.

Classificação de Impacto e Dificuldade das Responsabilidades, base para gerar a Complexidade da Função.

Impacto na Organização

○ **Alto**: a responsabilidade está correlacionada às políticas da empresa, implica alto impacto na organização no que diz respeito a valores envolvidos ou repercussão na estrutura. Um erro pode significar sérios problemas para clientes, para as operações ou imagem da empresa.

○ **Médio**: o impacto da atribuição está relacionado a valores ligados ao orçamento da unidade ou setor, ou a políticas internas. Para exercer a atividade deve ter precauções mais que rotineiras, pois a ocorrência de erros afeta outras seções ou gera sérios problemas com clientes. Está correlacionada com normas.

○ **Baixo**: para o exercício da atividade, requer-se cuidados de rotina a fim de evitar erros que, em geral, ficam circunscritos à unidade, eventualmente envolvendo clientes. Está correlacionada com rotinas e procedimentos de trabalho.

Dificuldade de Execução:

○ **Alta**: a responsabilidade demanda análise, avaliação de situações complexas que requerem a construção ou criação de soluções, exigindo extraordinária capacidade mental. Exige administração de muito conflito, negociação em vários níveis e a aplicação extrema de suas competências técnicas ou comportamentais.

○ **Média**: a responsabilidade exige grande capacidade mental, elevado grau de atenção, concentração, esforço de interpretação, uso de critério próprio, julgamento ou acompanhamento das fases da operação. Exige de suas competências técnicas ou comportamentais, mas em um nível considerado normal.

○ **Baixa**: a responsabilidade é simples, dentro de padrão determinado e que não demanda maiores esforços, exigindo o básico das competências técnicas e comportamentais.

Os conceitos aqui apresentados são generalistas, cabendo adaptações para cada empresa onde a metodologia for aplicada, reduzindo, assim, a subjetividade de classificação, podendo ser acompanhada de exemplos do dia-a-dia da empresa.

Complexidade e Espaço Ocupacional

Alguns relevantes conceitos sobre competências tratam de um assunto chamado Espaço Ocupacional, que de certa maneira é difícil de ser visualizado pelas pessoas, por ser uma questão crucial, porém técnica, em Gestão por Competências.

Meu objetivo é simplificar esse conceito a tal ponto de ser facilmente compreendido pelos gestores que precisam enxergá-lo na prática e, para isso, nada melhor do que falar com números, afinal, essa é a linguagem que eles compreendem. Esse conceito tem um impacto considerável na Gestão do Desempenho, além, é claro, em outros subsistemas de RH.

Um colaborador possui determinado nível de competência e, através da metodologia da Avaliação de Desempenho com Foco em Competências, podemos visualizar por meio de um número, chamado Coeficiente de Desempenho do Colaborador, o que efetivamente ele entrega dessas competências para a organização.

É fato, no dia-a-dia, ser comum que os gestores distribuam as atribuições e metas aos seus colaboradores de forma empírica, sem o auxílio de sistemas, utilizando as competências de cada colaborador de forma estratégica para obter os melhores resultados e mais rapidamente.

Também é comum um colaborador que vá respondendo positivamente a cada novo desafio que lhe é concedido ganhar mais confiança do gestor, chegando a ponto, muitas vezes, de ser sufocado com o acúmulo de trabalhos, comparando-o com um colega da mesma função que não responde na mesma velocidade. Certamente, você já viu essa cena.

O problema de ordem jurídica é que, na essência, não podem ser dados ao colaborador que responde bem aos desafios recebidos trabalhos que não sejam inerentes aos da sua descrição de função, pois isso gera desvio de função ou disfunção e, conseqüentemente, um provável processo trabalhista.

Deixando a questão jurídica de lado, que serviu apenas para um alerta, voltemos ao tal colaborador que responde bem aos desafios a ele concedidos.

A cada desafio vencido, a cada resultado gerado, a cada tarefa executada, o colaborador vai adquirindo mais competências, mais respeito, mais credibilidade e mais espaço na organização. Não exatamente conquistando novas funções, pois, nessa análise, considere que ele ainda não foi reconhecido formalmente com uma nova função ou recompensa salarial. É um espaço que se refere às suas competências técnicas e comportamentais. As metas que ele passa a desenvolver são mais complexas, ele passa a cumprir com suas responsabilidades não apenas de forma perfeita, exatamente como deve ser ou como havia sido planejado quando foi elaborada a descrição de função, mas também de forma a superar, de fazer além daquilo que está registrado na descrição de função, agregando valor ao seu trabalho, agregando valor à organização. Essas características se resumem no chamado espaço ocupacional, foco desta discussão.

O método proposto para a quantificação do espaço ocupacional está baseado na forma que o colaborador executa suas responsabilidades, ou seja, a perspectiva complexidade da avaliação de desempenho.

Você pode imaginar, e com razão, que minha explicação no parágrafo anterior ia além das responsabilidades, tangendo as competências, mas a aplicação das competências resultam nas ações que os colaboradores executam, como, por exemplo, as responsabilidades. Portanto, ao avaliar as responsabilidades, temos condições de avaliar se o colaborador está aquém ou além da complexidade do espaço ocupacional que ele deve exercer, que é a sua função.

Para ilustrar, vamos desenvolver um exemplo, passo-a-passo.

Exemplo de análise do espaço ocupacional pela perspectiva Complexidade

Considere uma função com as seguintes responsabilidades:

○ Promover a integração entre a equipe comercial e a técnica.

○ Desenvolver novos fornecedores, negociando contratos e condições de atendimento alinhados ao programa de qualidade.

○ Representar a empresa nos eventos de negócios da área da qualidade.

○ Garantir os processos de qualificação e de certificação dos programas de qualidade junto a clientes e fornecedores.

Cada função possui um nível de complexidade, que é o espaço ocupacional natural da função. Para identificar o grau de complexidade da função, basta classificar o impacto e dificuldade das responsabilidades, conforme a proposta de classificação apresentada neste capítulo.

Atribuição	Impacto	Dificuldade	Complexidade
Promover a integração entre a equipe comercial e a técnica.	Médio	Média	3
Desenvolver novos fornecedores, negociando contratos e condições de atendimento alinhados ao programa de qualidade.	Médio	Média	3
Representar a empresa nos eventos de negócios da área da qualidade.	Baixo	Baixa	1
Garantir os processos de qualificação e de certificação dos programas de qualidade junto a clientes e fornecedores.	Alto	Média	3

Pelos resultados das aplicações que realizei dessa metodologia, pude constatar que, na maioria absoluta das aplicações realizadas, existe uma tendência de que as responsabilidades da função tenham o mesmo grau de complexidade.

Quando ocorre uma situação conforme o quadro acima, gerada propositalmente para exemplo exploratório, em que apenas uma responsabilidade ficou com grau 1 e as demais com grau 3, essa ferramenta oferece uma interessante constatação. No caso, recomenda-se ser feita uma análise para identificar se há a possibilidade de outra função passar a executar tal responsabilidade, que é de uma complexidade menor, aproveitando melhor o potencial do profissional dessa função, que deverá executar atribuições mais complexas.

A Avaliação das Responsabilidades

Ao avaliar a Complexidade, no processo de Avaliação de Desempenho com Foco em Competências, geralmente ela é realizada pelo superior imediato do colaborador, que também faz sua auto-avaliação, porém, utilizando instrumentos de coleta distintos.

O superior avalia a qualidade com que o colaborador executa suas responsabilidades, utilizando a escala qualitativa abaixo, e, de acordo com a avaliação recebida, um percentual é atribuído para compor o seu desempenho.

Descrição da Escala	Percentual
Inaceitável	0 %
Ruim	30 %
Regular	50 %
Boa	80 %
Precisa	100 %
Supera	120 %

Definições da Escala de Avaliação das Responsabilidades

- **Inaceitável**: o colaborador executa a responsabilidade de forma extremamente ruim ou não a executa, ignorando-a ou desprezando-a.
- **Ruim**: o colaborador executa a atribuição de forma deficiente.
- **Regular**: o colaborador executa a atribuição alternando momentos bons e ruins, deixando claro que existe uma deficiência.
- **Boa**: o colaborador executa a atribuição de forma satisfatória, porém, ainda não perfeita, existindo evidência de espaço para melhoria.
- **Precisa**: o colaborador executa a atribuição de forma completa, com perfeição, exatamente como deve ser.
- **Supera**: o colaborador, além de executar a atribuição com perfeição, agrega valor, superando as expectativas de realização da atribuição.

Os conceitos aqui apresentados são generalistas, cabendo adaptações para cada empresa onde a metodologia for aplicada, reduzindo, assim, a subjetividade de classificação, podendo ser acompanhada de exemplos do dia-a-dia da empresa.

Quando o colaborador fizer a auto-avaliação, além da avaliação da forma que executa a responsabilidade como realizada por seu superior imediato, para cada responsabilidade ele deverá responder a outras duas questões: Domínio de Execução e Relevância para a Função.

O "Domínio de Execução" é uma auto-análise em que induzimos que o colaborador faça para identificar se ele tem ou não condições de cumprir com a responsabilidade em questão. Já a "Relevância para Função" também é uma auto-análise do colaborador, mas com o objetivo de identificar se ele tem a consciência da importância de cumprir com a responsabilidade analisada.

Essas duas questões não são consideradas cálculos para compor o coeficiente de desempenho do colaborador pela avaliação de desempenho com foco em competências, mas darão sustentação ao gestor no momento da Gestão do Desempenho, que será apresentado ainda neste capítulo.

Definições da Escala de Domínio das Responsabilidades

- **Sim**: o colaborador considera que tem o domínio técnico e comportamental necessários para cumprir com a responsabilidade.
- **Não**: o colaborador considera não tem domínio técnico e comportamental necessários para cumprir com a responsabilidade.
- **Parcialmente**: o colaborador considera que tem alguma deficiência técnica ou comportamental para que possa cumprir a responsabilidade com perfeição.

Definições da Escala de Relevância das Responsabilidades

- **Alta:** o colaborador considera que cumprir com a responsabilidade é importante para a sua função.
- **Baixa:** o colaborador considera que cumprir com a responsabilidade é de baixa relevância para a sua função.
- **Não é inerente à função:** o colaborador considera que a responsabilidade poderia ser realizada por outra função.

Fazendo uma recapitulação do exemplo utilizado até este momento, temos:

- Responsabilidades das Funções e respectivas classificações de impacto e dificuldade.
- Avaliação das responsabilidades feita pelo superior do colaborador.

○ Avaliação das responsabilidades feita pelo próprio colaborador, incluindo a auto-análise de Domínio de Execução e Relevância para a Função.

Dando continuidade ao nosso exemplo, vamos à análise da avaliação e extrair duas informações:

- O impacto para a Gestão do Desempenho.
- O impacto no Espaço Ocupacional.

O impacto da Avaliação Responsabilidade, do exemplo, na Gestão do Desempenho

Considere as seguintes avaliações realizadas pelo superior imediato da função e pela auto-avaliação das responsabilidades do exemplo.

Atribuição	Complexidade	Avaliação Gestor	Auto-avaliação	Domínio	Relevância
1. Promover a integração entre a equipe comercial e a técnica.	3	Precisa	Precisa	Parcialmente	Alta
2. Desenvolver novos fornecedores, negociando contratos e condições de atendimento alinhados ao programa de qualidade.	3	Regular	Precisa	Sim	Baixa
3. Representar a empresa nos eventos de negócios da área da qualidade.	1	Insuficiente	Precisa	Sim	Não é inerente
4. Garantir os processos de qualificação e de certificação dos programas de qualidade junto a clientes e fornecedores.	3	Supera	Supera	Sim	Alta

A contribuição dessa perspectiva para a Gestão do Desempenho é fantástica, em função da amplitude que ela pode proporcionar ao gestor. Temos três importantes exemplos que vão constatar essa questão.

Na primeira responsabilidade, apesar da resposta comum das avaliações do gestor e do colaborador referente à forma que o colaborador executa a responsabilidade, observa-se que o colaborador tem possibilidade de entregar ainda mais. Ele deseja isso, pois se ele entrega de forma precisa, mas tem a consciência de que seu domínio técnico e comportamental é parcial, um investimento nesse item pode melhorar ainda mais o que já é adequado.

Na segunda responsabilidade, o gestor considera que o colaborador executa a responsabilidade de forma regular, diferentemente da auto-avaliação, embora considere que tenha condições técnicas plenas para tal. O fator que está interferindo no desempenho é o nível de consciência da relevância que a responsabilidade tem para a função, pois o colaborador considera que é baixa. Nesse caso, a Gestão do Desempenho será concretizada agindo na sensibilização do colaborador da relevância.

A terceira responsabilidade é parecida com a segunda, mas o ponto nevrálgico não é o nível de consciência do colaborador, mas que a responsabilidade é menor do que o colaborador tem condições de realizar, como comentado anteriormente.

Concorda com minha empolgação ao classificar de fantástica a contribuição dessa perspectiva para a Gestão do Desempenho?

O impacto da Avaliação Responsabilidade, do exemplo, no Espaço Ocupacional

Vou utilizar a imagem de um copo d'água para fazer uma metáfora ao espaço ocupacional da função. Na mesma linha de metáfora, a água representará o espaço ocupacional do colaborador.

Cada função tem suas responsabilidades, que caracterizam um copo d'água. Se um colaborador cumprir todas as suas responsabilidades de forma precisa, segundo a escala de avaliação da responsabilidade, ele será 100%, ou seja, ele colocará água no copo suficiente para que o copo fique completo, até a borda.

Da mesma forma, se um colaborador cumprir suas responsabilidades de forma boa, o que equivale a 80% pela escala, faltará água no copo. Se as responsabilidades forem classificadas como supera, 120% do copo d'água, o copo transbordará. O colaborador precisa de um copo d'água maior.

Isso equivale a dizer que o colaborador está com o seu espaço ocupacional transbordando, ou seja, o seu espaço ocupacional é maior do que a função que ele executa oferece. Esse colaborador tem condições de executar responsabilidades mais complexas, podemos e devemos explorar essas características nele. Temos em mãos uma importante informação para contribuir para o melhor aproveitamento do profissional.

Claro que apenas a análise da complexidade não é o único fator decisório para a movimentação funcional de um colaborador. Também devem ser consideradas as suas competências técnicas e comportamentais, além de sua capacidade em atingir resultados compatíveis com os necessários na nova função, não se esquecendo também de considerar seus interesses profissionais e pessoais. O espaço ocupacional é uma importante informação que não pode ser desprezada, tanto na Gestão do Desempenho quanto na Gestão Estratégica de Pessoas.

Uma informação complementar sobre a tela do Painel de Desempenho do Colaborador é o botão "Detalhes", disponível em cada responsabilidade. O objetivo é que ele acesse as informações da avaliação da responsabilidade, do impacto e dificuldade e de todas as análises apresentadas neste capítulo, gerando as informações que o gestor precisar para sua análise na Gestão do Desempenho.

Perspectiva Convenção

Toda empresa possui normas, regras, códigos de ética, que devem ser conhecidos e respeitados pelos colaboradores.

O fato de quebrar uma norma ou uma regra pode afetar o desempenho do colaborador diretamente, mas também há situações que o impacto não afeta diretamente o seu desempenho, mas no desempenho das demais pessoas ou no clima organizacional, por exemplo.

O nome dessa perspectiva, chamada de Convenção, é porque as normas não são universais, podendo variar de empresa para empresa. Por exemplo, existem empresas que não permitem que seus colaboradores recebam uma simples caneta de propaganda sequer, outras estabelecem um limite anual em valores monetários, enquanto outras não se importam com esse fato.

Convenções são as regras que variam de empresa para empresa, pautadas nos Valores Organizacionais, no código de ética ou de conduta, ou ainda em outros instrumentos que a empresa tenha e, pelo fato de não serem universais, logo precisam ser convencionadas, ou, como diz o dicionário para definir o termo convenção, precisam de um "ajuste ou determinação sobre um assunto, fato, norma de ação". Daí a justificativa do nome Convenção.

Também é fato que nem todas as regras têm o mesmo peso, ou seja, algumas ferem mais os valores, enquanto outras fazem pequenas escoriações. Independentemente da profundidade do "ferimento", não há como negar que este tenha ocorrido. Isso implica que pode haver "punições" específicas para cada regra quebrada, que podem variar desde uma orientação até a demissão por justa causa.

O objetivo da perspectiva convenção na Avaliação de Desempenho com Foco em Competências é, além de registrar as normas quebradas, ser um fator redutor no Coeficiente de Desempenho do Colaborador, não tirando o mérito daquilo que fora atingido pelo colaborador, mas impactando no seu desempenho de forma significativa, uma vez que esse coeficiente poderá ser utilizado para critérios de promoção, premiação, distribuição de lucros ou de remuneração por competências.

Na Gestão do Desempenho, a perspectiva convenção tem uma importante contribuição, gerando as informações aos gestores da conduta do colaborador, permitindo que ele atue proativamente nos fatores que afetam o desempenho referentes a essa perspectiva também.

Para mais informações sobre essa perspectiva e forma de cálculo e impacto no desempenho, consulte o livro "Avaliação de Desempenho com Foco em Competência".

Guia Geral do Painel de Desempenho do Colaborador

A guia "geral" do Painel de Desempenho do Colaborador "geral" apresenta o consolidado do desempenho do colaborador em cada Perspectiva.

Caso sua empresa adote o conceito da Avaliação de Desempenho com Foco em Competências, gerando o Coeficiente de De-

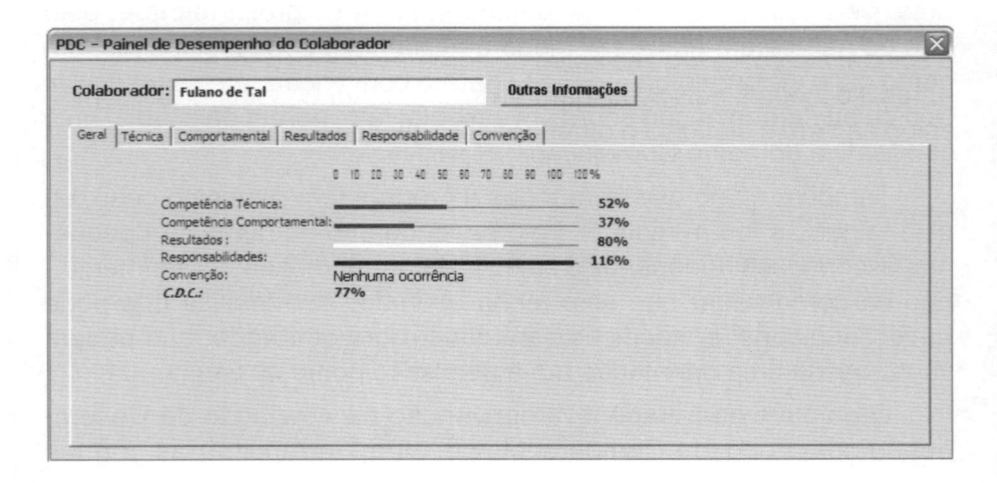

```
PDC - Painel de Desempenho do Colaborador

Colaborador: Fulano de Tal                    Outras Informações

Geral | Técnica | Comportamental | Resultados | Responsabilidade | Convenção

              0  10  20  30  40  50  60  70  80  90  100  120%

Competência Técnica:        ▬▬▬▬▬▬▬▬▬▬▬▬▬▬         52%
Competência Comportamental: ▬▬▬▬▬▬▬▬▬             37%
Resultados:                 ▬▬▬▬▬▬▬▬▬▬▬▬▬▬▬▬▬▬▬    80%
Responsabilidades:          ▬▬▬▬▬▬▬▬▬▬▬▬▬▬▬▬▬▬▬▬▬▬ 116%
Convenção:                  Nenhuma ocorrência
C.D.C.:                     77%
```

sempenho do Colaborador, este também poderá constar como uma informação na tela do Painel de Desempenho do Colaborador.

Cada linha dessa tela representa o desempenho que o colaborador teve na perspectiva. Por exemplo, na perspectiva técnica, o colaborador ficou com 52%. Isso significa que ele está em débito de 48% de suas competências técnicas, pois, ao fazer o mapeamento das competências da função, determinamos o nível ideal da competência que é necessária para desempenhá-la. O nível apurado, de 52% do exemplo, depende da forma de cálculo adotada pela metodologia de avaliação de competências que sua empresa adota, podendo ser a média simples do desempenho de cada competência, ou utilizando pesos diferentes para cada uma.

A forma de cálculo do desempenho na perspectiva não é parte integrante do foco deste livro, que trata a Gestão do Desempenho, e, como citado anteriormente, Gestão do Desempenho não é Avaliação de Desempenho. Apresentar toda a forma de cálculo e a sistemática envolvida é assunto para mais um livro, aliás, já publicado. Caso o leitor queira se aprofundar como efetuar esses cálculos, incluindo o Coeficiente de Desempenho do Colaborador, fica o convite para conhecer meu livro "Avaliação de Desempenho com Foco em Competência – A base para a remuneração por Competências".

Concluindo a tela da guia geral do PDC, temos ainda o botão "Outras Informações", que deverá dar acesso ao histórico completo do colaborador, como dados pessoais, movimentação funcional, treinamentos de que participou, registros sobre ocorrências de trabalho, plano de desenvolvimento individual, enfim, tudo que possa ser útil ao gestor para compreender os fatores que estão interferindo nos resultados, promovendo, assim, a Gestão do Desempenho.

Da forma que está estruturado o Painel de Desempenho do Colaborador, o gestor possui informações macros e, conforme sua navegação no PDC, ele chega aos detalhes, de acordo com a necessidade de explorar um determinado assunto.

10

O papel da liderança e do RH como força propulsora da Gestão do Desempenho

Na imagem acima, especificamente na base da engrenagem que conduz os instrumentos de gestão, entre eles a Gestão do Desempenho, temos uma figura de um profissional que não está identificado.

Relembrando de forma nostálgica o tempo de infância, os profissionais maduros vão se recordar dos álbuns de figurinha onde havia um pontilhado de uma imagem escrito "Cole aqui a sua foto". É exatamente isso que deve ser feito, de forma figurativa, é claro.

Se você, leitor, for da área de RH, coloque aqui a sua foto, pois você tem uma importante contribuição para garantir que todas as ações de gestão de pessoas estejam alinhadas aos valores e aos objetivos estratégicos do Balanced Scorecard.

Se você, leitor, for um gestor ou administrador, cole aqui a sua foto, pois não é possível falar em Balanced Scorecard, em estratégia empresarial, em planejamento estratégico, em resultados, em visão, sem considerar as pessoas, suas competências, e da necessidade de desenvolvimento dessas. Tanto que a perspectiva Pessoas/Aprendizado é a base de sustentação do BSC.

Variáveis muitas vezes negligenciadas que afetam diretamente os resultados da implantação

O que motivou a inclusão deste capítulo foi a necessidade de compartilhar e alertar os profissionais de Recursos Humanos, as lideranças das empresas e a alta administração sobre os fatores mais críticos de sucesso, muitas vezes, negligenciados quando da implantação da Gestão de Desempenho com foco em competências.

A implantação da Avaliação e Gestão de Desempenho com foco em competências não pode ser vista como uma ferramenta, ou como um mero instrumento de medição de performance. Essa visão simplista e equivocada tem levado muitas empresas a se decepcionarem com os resultados, a engavetar o projeto pouco tempo depois da sua implantação, a gerar descrédito e desconfiança internamente; e, na quase totalidade das vezes, a decepção foi fruto do descaso e da falta de alinhamento do projeto com os maiores propósitos de presente e de futuro da organização.

Não vá para o mercado comprar tecnologia. Vá para o mercado buscar soluções de crescimento para a **sua empresa**. Não queira imitar a concorrência ou qualquer outra companhia que desperta a sua admiração. Busque admirar o que é seu. Se tiver que haver comparações, faça a sua empresa ser "benchmarking" de mercado. Não importa qual o seu segmento de atuação, porte ou participação de mercado. Sua empresa é única, possui especificidades e particularidades que não podem ser menosprezadas, tem sonhos de futuro que precisam ser compartilhados, inspirados e expirados por todos os membros das equipes. Quando há direção, há foco, e as pessoas lançam mão de suas maiores contribuições.

A Avaliação de Desempenho com foco em competências é uma **estratégia de negócio,** portanto, precisa fazer ecoar na organização a sua Missão, a sua Visão, os seus Valores, as suas Estratégias e os seus Imperativos de gestão. Ela tem de ganhar o engajamento das pessoas, por isso é um construto coletivo.

Construa! Democratize! Simplifique! Sistematize! Participe! Prepare a sua liderança!

Crie um ambiente de forte participação, incluindo a sua participação, é claro. Algumas coisas são indelegáveis. Faça do projeto um marco de crescimento na história da sua empresa. Transforme os conhecimentos, os comportamentos e os resultados advindos de suas pessoas em diferenciais competitivos para o seu negócio. Não seja minimalista. Depois disso... comemore!

Advertência 1 – Novos paradigmas da Gestão do Desempenho

"Daqui algum tempo, quando a história de nossos dias for escrita com uma perspectiva de longo prazo, é provável que o fato mais importante que os historiadores destaquem não seja a tecnologia, nem a internet, nem o comércio eletrônico. Será uma mudança sem precedentes da condição humana. Pela primeira vez, literalmente, um número substancial e crescente de pessoas tem escolhas. Pela primeira vez, elas se gerenciam a si mesmas. E a sociedade está totalmente despreparada para isso."

Peter Drucker

Demorou, mas finalmente as empresas estão descobrindo que uma organização nunca será maior ou melhor do que a capacidade de seus colaboradores em gerar valor. Conscientizaram-se de que a tecnologia, as máquinas, os processos e as metodologias são ferramentas importantes, mas não funcionarão sem cérebros bem preparados. Sozinhas não trazem nem a capacidade criativa, nem o poder de tornarem as empresas ágeis para vislumbrarem a necessidade da mudança, aprendendo a re-aprender para alcançar resultados de longo prazo.

Essa crescente e importante valorização das pessoas também traz novos desafios. E o principal deles talvez seja que a imposição de mudanças pela força do poder legítimo na organização redunde em efeitos de curto prazo.

Esse ambiente complexo, onde a subjetividade ganha volúpia e os sistemas de medição de desempenho organizacional tradicionais, baseados em indicadores financeiros e contábeis, já não são suficientes para administrar a nova realidade, proporia, por si só, a superação e um redesenho das metodologias tradicionais de gestão de pessoas para níveis mais sofisticados, e a busca de novas formas e relações para a aprendizagem contínua.

Para analisarmos mais cautelosamente os desafios e as dificuldades que este milênio nos remete, proponho uma rápida retrospectiva no tempo, para, juntos, identificarmos os modelos que determinaram a mentalidade de uma época, e quais mudanças importantes nos modelos de gestão se fazem necessárias nos dias atuais.

Todos sabemos que os paradigmas são modelos mentais que embasam os nossos comportamentos e delineiam nossas decisões.

Cada época tem o seu paradigma. Quando novo paradigma se instaura, ainda enfrentamos os resquícios do anterior, o que justifica a tendência natural em buscarmos no passado as respostas para as dificuldades encontradas no presente, e mesmo quando somos projetados a um futuro, o resgate de experiências bem-sucedidas abstraídas da memória é quase involuntário.

Muitos líderes de empresas, na faixa dos 40 anos, conseguem resgatar as lembranças dos paradigmas que nasceram enaltecendo a produtividade (fazer mais com menos), a qualidade total (fazer mais, com menos e melhor), a busca pela competitividade (fazer mais com menos, melhor e mais rápido) e, atualmente, o da inovação (fazer mais, com menos, melhor, mais rápido e diferente).

Cada mentalidade empregada vai originando e determinando ações compatíveis, seja para o investimento em novas tecnologias, seja para o redesenho de processos que asseguram a qualidade e a agilidade da produção no atendimento ao cliente, seja numa tentativa por vezes "desesperadora" de gerenciar os custos a qualquer preço. E, assim, presenciamos o nascimento de novas forças de trabalhado, atribuindo status aos engenheiros numa determinada época, aos financeiros em outra, até a então fatídica descoberta que tecnologia de ponta e o gerenciamento de custos, por si só, já não davam a sustentabilidade necessária ao negócio num ambiente altamente complexo, competitivo e instável.

A partir daí, um novo paradigma se instaura. Migramos do paradigma do controle para o paradigma da pessoa completa. Percebemos que coisas são gerenciadas; pessoas, não! Coisas não têm capacidade de escolha; pessoas, sim!

E uma nova revolução da humanidade nos é apresentada – a revolução da informação e a necessidade de imprimirmos sabedoria –, valorizando substancialmente o conhecimento humano, mexendo e infiltrando uma nova mentalidade, principalmente aquela em que uma empresa não conseguirá ser maior ou melhor do que as pessoas que ela possui.

Advertência 2 – Gestão do Desempenho pede mudanças

"Os dogmas do passado tranquilo são inadequados para o turbulento presente."
Abraham Lincoln

Parece, numa primeira instância, que as mudanças vieram para melhor. Isso naturalmente é uma verdade, desde que estejamos preparados para os novos desafios; desafios esses talvez ainda maiores que os de outras épocas.

Sem pedir licença, fomos defrontados quase que instantaneamente com a necessidade de lidar diretamente com os fatores humanos na sua essência, com a subjetividade inerente das relações e o modo de funcionamento do homem, levando os mais preparados e qualificados gerentes de processos a um sentimento de incompetência quando se vêem na necessidade premente de se fazerem gestores de pessoas, responsabilizando-se pelo engajamento, pelo comprometimento das suas equipes, de serem agentes motivadores da mudança, de alinharem os desejos pessoais próprios e da equipe com as necessidades de crescimento do negócio.

E, como se não bastasse, concomitante a tudo isso, a complexidade dos novos tempos impondo uma nova ordem, a cobrança por resultados, a eterna busca da qualidade, as exigências do mercado e novos concorrentes chegando, gente que nem sabíamos que existia.

E agora? A escola formal não nos ensinou a lidar com variáveis tão subjetivas. Nem mesmo nos orientou como designar, definir e trabalhar no desenvolvimento das competências essenciais e humanas para o desenvolvimento do negócio. Aliás, o que são mesmo competências?

Diante desse cenário, já que bons resultados advêm do comprometimento cuja base está na alta motivação humana capaz de gerar valor, hoje, ninguém mais duvida da importância da gestão do desempenho como uma mola propulsora que culminará em atitudes em prol do objetivo.

Mas como falar em avaliação e gestão do desempenho se o paradigma do controle ainda ronda as nossas portas com tamanha primazia? Como incutir um modelo de gestão, se tudo que aprendemos até então foi atuar sobre os resultados, sobre fatos conclusivos, avaliando o passado, o concreto, o racional, o imutável, porque dava tempo de mudar o curso das ações? Como usar da sensibilidade e de um olhar crivo para atuar sobre conflitos muitas vezes ainda não emergentes, que vão se apresentando nos resultados pouco desejados, ao mesmo tempo em que o mundo nos impulsiona a agirmos cada vez mais rápido, nos projetando a um futuro cada vez mais incerto?

"Organizações, cuidem de suas pessoas", dizia Peter Drucker. Sem qualquer pretensão, mas com muita humildade, eu complemento: Organizações, cuidem de suas pessoas, mas, pelo amor de Deus, preparem as suas lideranças.

Todos nós, independentemente da posição hierárquica, mas mais fortemente a liderança, temos vivido alguns desconfortos que nos levam a certeza de que precisamos tornar o instável mais estável, oferecendo um pouco mais de previsibilidade ao imprevisível, imprimindo um pouco mais de vida e alegria na empresa, porque ninguém consegue viver o caos todos os dias. Talvez esse contexto explique por que as empresas têm buscado atrair gente bem resolvida, de bem com a vida. Já que os problemas farão parte do dia-a-dia, a paixão e o desejo de realização não podem ser ameaçados. Nada resistirá ao tempo se a empresa não obtiver sucesso financeiro. E pessoas felizes dão mais lucro.

A quebra de um paradigma e a entronização de outro é um processo. As pessoas mudam de dentro para fora. A mudança pode ser mais rápida quando as pessoas percebem os motivos reais e francos que levaram a organização a optar por um determinando método de gestão de seus resultados e, em seguida, a observância da congruência entre o discurso e prática das suas lideranças.

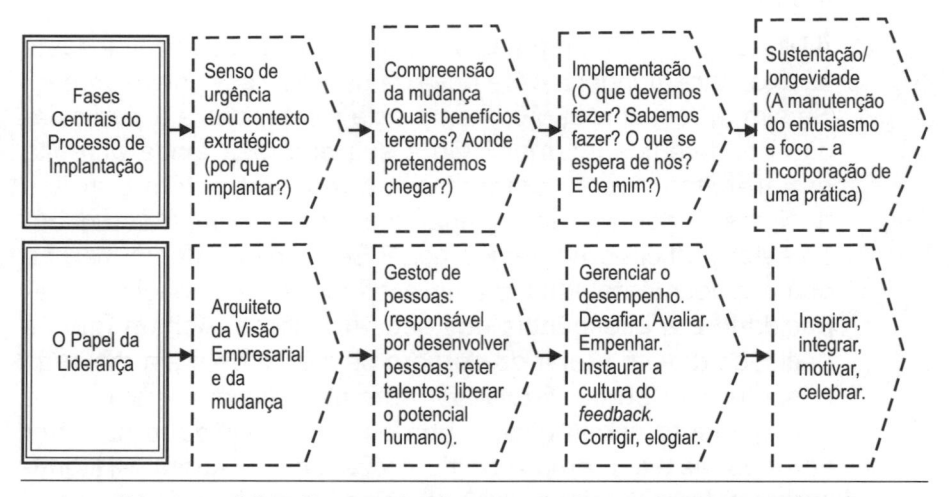

Fases Centrais do Processo de Implantação	Senso de urgência e/ou contexto extratégico (por que implantar?)	Compreensão da mudança (Quais benefícios teremos? Aonde pretendemos chegar?)	Implementação (O que devemos fazer? Sabemos fazer? O que se espera de nós? E de mim?)	Sustentação/ longevidade (A manutenção do entusiasmo e foco – a incorporação de uma prática)
O Papel da Liderança	Arquiteto da Visão Empresarial e da mudança	Gestor de pessoas: (responsável por desenvolver pessoas; reter talentos; liberar o potencial humano).	Gerenciar o desempenho. Desafiar. Avaliar. Empenhar. Instaurar a cultura do feedback. Corrigir, elogiar.	Inspirar, integrar, motivar, celebrar.

Diagrama de mudança na implantação da Gestão do Desempenho.

Advertência 3 – O alinhamento da Gestão do Desempenho com a Missão e Visão Empresarial

"Liderar é a capacidade de traduzir visão em realidade."
Watten Bennis

A mola propulsora do comprometimento é a consolidação do propósito compartilhado quando os esforços transformam idéias em ações, e estas últimas em conhecimento. Conhecimento gera valor. Valor é sinônimo de resultados.

Muito bem! Se a ênfase nos aspectos críticos do negócio tornou a Gestão do Desempenho uma estratégia poderosa para maximizar os resultados empresariais, materializar as estratégias corporativas e, por conseguinte, levar a organização ao alcance da visão empresarial, e você entende que ela se faz necessária na sua organização, seja você um profissional de Recursos Humanos, o administrador da empresa, seja gestor de pessoas, antes da implantação pergunte-se:

1) A sua organização foi capaz de tornar a sua missão e a sua visão visíveis e compreensíveis a todos? Elas são inspiradoras a ponto de levar as pessoas a oferecem o melhor de si voluntariamente?

2) A Missão e a Visão empresarial foram revitalizadas a partir deste século, para atender a essa nova demanda, a essa nova ordem? Se sim, a revitalização contemplou a percepção e a participação dos talentos internos? Ou a sua empresa ainda acredita em eremitas que se afugentam na montanha, têm grandes "insights" e depois vêm compartilhar com a equipe acreditando estar praticando a democracia? Sem envolvimento, não há comprometimento! Muitas empresas ainda negligenciam a capacidade e a inteligência dos seus membros. Acham que as decisões devem brotar do cérebro pensante de meia dúzia de pessoas, em portas fechadas, normalmente em reuniões de planejamento estratégico, e perdem a oportunidade de obter verdadeiras e supremas contribuições, porque quem vai literalmente colocar a mão na massa não são os seus diretores.

3) É perceptível para todos os integrantes da empresa, e por toda a sua cadeia de valor, a congruência das decisões tomadas com os propósitos de presente e de futuro da sua organização?

4) Todos na sua empresa sabem, sem distinção, onde ela deseja estar em cinco anos? E em dez? Ou melhor, quanto tempo definiu-se para atingir a visão? As metas são claras? Todos sabem o que é esperado da sua função, ou seja, qual deve ser a sua real contribuição para o sucesso da empresa, e, por conseguinte, para o seu sucesso? As metas foram "salamizadas" aos departamentos e áreas que compõem a sua arquitetura organizacional? Qual a meta do seu chefe?

5) Há mensuração dos resultados? Estão eliminando as fragilidades, transformando problemas em oportunidades de melhoria? Como os erros são vistos e tratados internamente? Estão celebrando as pequenas vitórias? Inovação supõe errar para acertar. Os gestores compartilham dessa premissa?

6) Seus clientes, portanto externos, enxergam as competências essenciais da sua organização, ou seja, todas as ações convergem para tangibilizar e fixar seus diferenciais competitivos na memória do consumidor/cliente?

7) A sua equipe sabe qual é a sua contribuição direta com o sucesso da organização?

Se a maior parte das suas respostas foi "AINDA NÃO", você tem na Gestão do Desempenho uma oportunidade singular para mudar a realidade e atuar de forma ainda mais competitiva no mercado.

Se a maior parte das suas respostas foi "SIM", você implantou a Gestão do Desempenho de forma certeira.

Para quem vai iniciar o processo de implantação, por favor, não negligencie as premissas de sucesso. Não chute a bola a gol ainda. Não vá com tanta sede ao pote. Seus resultados devem perdurar no longo prazo, o tiro não pode ser curto. Você pode até ganhar o jogo, mas vai perder o campeonato. Vai pagar um preço alto para entrar em campo despreparado.

De todas as reclamações que me chegam de pessoas que se dizem mal informadas, apesar de todas as queixas diante de problemas internos de comunicação, os ganhos substanciais com o envolvimento das pessoas vão além da simples comunicação. As pessoas querem mais do que simplesmente ser informadas. As pessoas querem oferecer a sua contribuição participando da tomada de decisão.

Tenho me deparado com um amontoado de gente, desconectada dos maiores propósitos da companhia, simplesmente porque recebem as informações prontas. Missão e Visão Corporativa devem ser uma construção coletiva. Quem levará a empresa a agir segundo a sua missão e a atingir sua visão são as pessoas. Por que ainda insistimos em decidir isoladamente para não compreender depois por que vivemos tão solitariamente? Por que ainda insistimos em delegar tarefas, e não responsabilidades, mantendo o colaborador estagnado e envolto num espaço restrito que coíbe a motivação e inibe a sua capacidade de desenvolvimento? Se cargo e função se distinguem, por que ainda paira a insistência de minimizar potencialidades de crescimento e desenvolvimento, da maneira de melhor fazer uso do seu intelecto e da sua capacidade de tomar decisões? Por que, ainda, as atividades de um cargo são fragmentadas e fixas, não permitindo a existência da responsabilidade pelo conjunto de tarefas ou atividades, privilegiando tanto os requisitos técnicos do profissional como, também e simultaneamente, suas necessidades sociais de grupo? Qual é o contrato psicológico firmado com a empresa? O seu descritivo de função embute claramente que um determinado cargo existe para ajudar a empresa atingir a sua visão? Descrevem-se tarefas, não responsabilidades! Depois de pouco tempo na empresa, as pessoas passam a ser o problema, e não a solução.

Todo líder é um construtor de sonhos! Garanto que terá resultados impressionantes se for capaz de envolver, inspirar e energizar diariamente as suas pessoas para caminharem em prol de um objetivo maior, um resultado superior que está no alcance da visão da sua empresa e na concretização dos valores pessoais.

Estabeleça uma conexão entre as atribuições da sua equipe e a visão e as estratégias da sua organização. As pessoas se orgulham quando assumem grandes desafios porque percebem que são dignas de crédito e que o propósito e seus resultados serão naturalmente superiores aos seus maiores esforços. As pessoas gostam de serem vistas, percebidas, desafiadas e reconhecidas como únicas. Use a Gestão do Desempenho para auxiliar sua empresa também a gerar esse valor.

E por falar em líderes...

Advertência 4 – A liderança determinará a vitória ou o fracasso da implantação da Gestão do Desempenho

"Talvez a liderança precise vir em uma embalagem diferente. Ela precisa ser digna de crédito... Acima de tudo, trata-se de credibilidade, de coerência entre ações e palavras."
Anne Mulcahy, Chairm e CEO, Xerox

Equipes são formadas pela liderança, e não pelo RH das empresas.

A liderança está fortemente interligada com a formação da cultura organizacional.

O espetáculo da confiança

Poucas ações de liderança têm mais impacto, e quando digo impacto, refiro-me à qualidade e à durabilidade de uma ação ao longo do tempo em uma empresa, do que uma base sólida e envolvente de propósitos e valores essenciais.

Se você quer mudar os seus resultados, tornar a sua empresa mais competitiva, criar diferenciais importantes no mercado que enaltecem a sua marca, ser reconhecido no mercado de atuação, desenvolva os seus gerentes, não meramente processos, procedimentos e a estrutura. Provoque mudanças nas pessoas... Todo o resto é conseqüência.

Por mais duro que possa parecer o comentário acima, ele tem um fundo de verdade importante, e isso você não poderá negar. Pois bem, precisamos ter bastante claro que um processo de Gestão de Desempenho efetivo depende não somente de instrumentos e estratégias, mas, sobretudo, de uma liderança eficaz e eficiente, base da sustentação da excelência que qualquer importante estratégia se propõe.

Nem todos estão preparados para mudar. As resistências e tentativas de retorno à zona de conforto são mais freqüentes do que imaginamos. Por vezes, as tentativas de boicote a um novo projeto vêm camufladas. Muitos profissionais me procuram chocados com a dissimulação da sua liderança, que na frente do superior imediato demonstra anuência ante uma proposta, mas assim que se distancia do chefe, inicia a labuta de contágio negativo. Comentam aos quatro cantos que é mais um projeto sem futuro, mais uma tentativa em vão, mais um modismo sem razão. Se a liderança é o exemplo de conduta que queremos nas nossas organizações, todos conseguem imaginar a probabilidade de êxito de qualquer estratégia por falta de adesão das lideranças. Claro que todo ser humano tem uma postura perante a vida, mas por que não se posiciona? Ora, quem não fala, é falado! Quem não planeja, é planejado.

Mas também me questiono, sempre que me chega essa consideração, se a empresa está preparada para a franqueza. Se a verdade não tem espaço, claro que ela será explanada em ambientes mais seguros. O pior é que esse ambiente faz parte da própria empresa, mas sempre longe do chefe.

A liderança precisa fazer as suas pessoas aprenderem pelo exemplo, estabelecendo antes de tudo uma relação de altíssima confiança e credibilidade entre as partes.

Ofereço-lhe uma proposta irrecusável: aja conforme o seu discurso. Você está sendo observado o tempo todo. Cada pontinho de descrédito depositado no arsenal de memória da sua equipe o torna mais vulnerável às dificuldades do dia-a-dia. Ser exemplo de conduta é ter um discurso em total convergência com a prática. Eu disse em TOTAL convergência.

Permita-me alguns exemplos para fazê-lo refletir e compreender o quanto uma liderança é observada nos detalhes.

Pense comigo: como um líder pode querer que o seu colaborador atue eficazmente sobre o conceito da satisfação total do cliente se quando chega um pedido de compra ou de produção daquele cliente, cuja exigência tem sido superior à sua capacidade de entrega e deflagrou grandes esforços seus e da sua equipe (aqui podem entrar prazo de entrega, qualidade, repetibilidade de processo, reclamação no SAC etc.), e você não consegue esconder a decepção, a angústia em atendê-lo novamente? Às vezes, parece que o maior problema de uma empresa são os clientes. Isso é tão válido que comprova as animosidades sempre comuns entre as áreas comercial e produtiva.

Como você quer fixar na mente da equipe que o cliente na sua empresa é a razão de sua existência e que nenhum esforço será medido no sentido de atendê-lo se, quando uma ligação cai na sua mesa, você pede que um colaborador da empresa diga que está numa reunião e depois retorna? Qual a coerência entre o seu discurso e a prática? Liderança é uma condição, e não uma posição. O peso do crachá pode ajudá-lo a obter resultados no curto prazo, mas somente a força da confiança promoverá resultados superiores de médio e longo prazos.

Vou além! Como se pode exigir que todas as promessas feitas ao cliente quando da venda sejam cumpridas, se até hoje você não deu aquele retorno que prometeu ao seu colaborador sobre suas aspirações de crescimento na empresa, de aumento salarial ou de uma promoção? Às vezes, tratamos as pessoas como se fossem idiotas. Como quero me livrar de uma situação provisoriamente, faço promessas achando que o outro vai se esquecer. Meu amigo, promessas feitas, promessas cumpridas. Ou, então, não prometa nada. Mande falar com o RH. Alguém tem que resolver os problemas advindos da sua equipe. Ainda me choca a quantidade de líderes que chegam ao RH desesperados porque o seu melhor colaborador (o melhor só apareceu agora) recebeu uma proposta da concorrência com uma remuneração maior. Por que temos que esperar a concorrência se aproximar, fazer a sua oferta, para só então descobrirmos que precisamos reter um talento?

Como você quer implantar a Gestão do Desempenho com Foco em Competências, se diz não ter tempo para as suas pessoas?

Pode parecer-lhe utópico, mas os seus colaboradores visualizam e entronizam, mesmo que inconscientemente, todas as inconsistências advindas dos seus comportamentos. Certa vez, alguém me disse que coragem nada mais é que um ponto entre a covardia e a precipitação. Ainda prefiro pecar pelo excesso do que pela falta.

A credibilidade, portanto, é essencial para a liderança. Basta pensar na definição de comportamento. Se comportamento não é o que eu faço, mas o que as pessoas percebem daquilo que eu faço, confiança e credibilidade não se instituem, não vêm por decreto, são conquistadas. Elas estão no olho do liderado o tempo todo. Se a confiança entre líder e liderados não estiver instaurada, não há visão empresarial que possa ser compartilhada; não há procedimentos que sejam seguidos, não há talentos que possam emergir. Nada se cria, nem se perpetua. Daí a sensação de ir que vir, de andar para a frente e voltar para o ponto de partida, que muitas empresas me trazem como um problema a ser resolvido.

A falta de confiança culmina em patologias organizacionais, em problemas crônicos, cujos sintomas normalmente são descritos pelos dirigentes como "aqui ninguém assume erros, apenas buscam culpados", "aqui se tem justificativa para tudo", "aqui não se atacam as causas dos problemas", "aqui as pessoas não são proativas", "aqui a rádio da fofoca funciona absurdamente", "aqui todos aguardam ordens para começar a agir".

A liderança só vai conseguir alimentar a visão empresarial em comunhão com a equipe se não houver uma lacuna entre os níveis de credibilidade que se espera e os níveis que efetivamente se têm.

É notável a aversão que as pessoas têm pela mentira. No entanto, ela é percebida de forma muito sutil. São evidenciadas em todas as relações estabelecidas no dia-a-dia.

Líderes, compreendam de uma vez por todas: só se motiva pelo exemplo. Não existem verdadeiros líderes sem seguidores convictos. E os liderados seguem espontaneamente o seu líder quando este é visto e percebido como alguém confiável. Claro que também quando percebem a possibilidade de obterem ganhos futuros que satisfaçam as suas próprias necessidades.

O espetáculo de assumir integralmente o seu papel

Não adianta, caros líderes, focarem exclusivamente em lucros, porque o lucro vem da visão e das pessoas. E isso não acontece se vocês não investirem no desenvolvimento das pessoas. **Esse papel é seu, e não do RH da sua empresa**. Cuide das pessoas e o lucro virá em seguida. Não adianta se recusar a enxergar essa verdade. Enxergue a realidade e mude. A mudança vem da percepção de que alguma coisa está fora da ordem. Assuma a sua responsabilidade por todas as dificuldades que vivencia. Você só vai corrigir um problema quando, e somente quando, admitir que ele existe. Seu mundo e o mundo da sua equipe são o mesmo. Valores diferentes, metas iguais, não o levam a lugar nenhum. Suas grandes idéias não sairão do papel. A sua empresa precisa aprender rápido, você precisa aprender rápido e continuamente. Não há tempo para elucubrações. Culturalmente, sempre dependeremos de nossas visões para que os caminhos sejam traçados. Rompa a sabedoria convencional e imagine uma nova ordem.

Se hoje ainda paira uma certa insatisfação, compreenda a necessidade da mudança e faça uso da imaginação para alterar esse estado de espírito. Se for desprovido de habilidade para lidar com as incertezas e complexidades no novo século e todas as mudanças que envolvem o processo de gestão de pessoas, não compreenderá seus mercados e dilapidará a sua organização. A liberdade de falhar é indispensável ao sucesso. Vamos lá, tente. Pare de aguardar ordens. Todos parecem aguardar ordens. Seu superior tem mais o que fazer. Busque inspiração na visão da sua empresa e atue.

Aprenda a gerir a tensão criativa neste mundo conturbado, para que as suas pessoas usem a sua energia para mover a realidade de forma confiável no sentido da visão. Sem visão, não há criação. Sem visão, não há propósito. Sem visão, não há engajamento, não há comprometimento, não há motivação. Mas atente-se: visão sem a leitura da realidade fomenta cinismo. Portanto, um quadro fiel da realidade, subsidiado pela missão e visão da sua organização, é tão importante quanto um quadro arrebatador do futuro desejado. Mesmo em culturas empresariais mais tradicionais, cuja liderança assume uma gestão mais autocrática e a gestão voltada ao controle, a liderança precisa dosar o que é desejável e o que é possível.

Como líder, você precisa atuar em dois níveis simultaneamente: no atendimento das pessoas que lidera e no atendimento da missão e da visão que fundamentam o empreendimento.

Liderar não é resolver problemas, meramente. Quando se busca a solução de problemas, a energia virá da tentativa de se esquivar de algo indesejado. Muito diferente da tensão criativa advinda da visão, que é aquilo que desejamos criar em justaposição à realidade atual.

Pare de apagar incêndio. Até quando você vai se permitir fazer uso de uma postura meramente corretiva? Isso não tem lhe feito bem, eu sei. Pare de querer mudar somente quando os seus problemas assumirem proporções alarmantes para a mudança. Todo grande conflito que administramos no nosso dia-a-dia, ou poderia ter sido evitado ou foi desencadeado por nós mesmos.

Uma liderança inepta causa sofrimento de todas as ordens, seja ele econômico, seja emocional. Pessoas, quando comprometidas, detêm naturalmente um sentimento de propriedade compartilhada. O reconhecimento desse fato é também de responsabilidade da liderança. Que baita desafio a vida lhe oferece! Altamente digno da sua capacidade, eu diria. Afinal, liderança não é uma condição. É uma escolha. Se a cadeira é sua, faça por merecer.

Aprenda a lidar com as diferenças. Quando as diferenças dos membros de uma equipe se transformam em diferenciais competitivos, um líder poderá dizer que tem um time.

O espetáculo de se tornar um gestor de pessoas

De líderes de processos para líderes de pessoas. Está preparado? Não cabe mais a idéia de que uma liderança tenha uma competência técnica superior às suas habilidades interpessoais, aliás, a única forma de obter informações para negociar mudanças com sucesso.

Não se pode permitir que uma liderança ainda se comporte como se estivesse em plena revolução industrial, esquartejando o ser humano nas tarefas simplistas do dia-a-dia e acreditando que uma mão-de-obra pode ser substituída facilmente. Estão faltando talentos no mercado! Não bobeie.

Por que ainda nos deparamos com tantos *feedbacks* corretivos oferecidos publicamente, como uma forma de submeter o outro a um grau de constrangimento e humilhação jamais vistos? Está chegando uma enxurrada de ações trabalhistas por assédio moral!

Sem exageros, mas se os líderes reconhecessem que têm a capacidade de construir ou destruir, de dar vida ou levar à morte, talvez pensassem um pouco mais antes de agir. Basta refletir sobre os seus comportamentos, que rapidamente entenderão os porquês de seus resultados. Não há outro caminho. É assumir e mudar, ou sucumbir.

Relembro: o mundo está vivendo uma crise crônica de liderança. Qualquer líder tem o direito de olhar essa afirmativa como uma oportunidade ou como uma ameaça. A escolha é só sua.

Advertência 5 – Diga não às competências. Diga sim aos indicadores

"Pensar e raciocinar é, em grande porção, inferir. Numa inferência, a pessoa que infere deve possuir a evidência."
Salmon, C. W. *in* lógica

Precisamos oferecer métodos que propiciem resultados gerando um pouco mais de segurança às pessoas e mais certezas às organizações. Eu não consigo tratar o que não conheço. Digo isso porque as empresas e pessoas têm uma dificuldade ímpar de falar sobre competências. Isso ocorre principalmente por uma questão de conceito.

Quem não é competente, poderia ser então considerado incompetente? Essa questão traz em si uma conotação moral, que acaba deflagrando no cérebro crenças determinantes e conflitantes. Se eu não sei exatamente onde preciso melhorar, como fazê-lo? Eu quero, portanto, fazê-lo pensar que, mais importante que a determinação e a difusão interna das competências que levarão a sua empresa ao futuro almejado, são os indicadores que retratarão explicitamente quais comportamentos humanos serão essenciais para a empresa atingir seus objetivos maiores. Você começa, então, a tangibilizar o subjetivo. Começa a sistematizar o incompreensível. Passa a oferecer às pessoas e às lideranças condições de trabalharem com informações mais precisas, transformando dados em informação; informação em conhecimento; e conhecimento em valor agregado.

Para clarificar melhor esse posicionamento, acompanhe essa situação: qual a probabilidade de eliminação de um *gap*, se, ao oferecermos um *feedback*, munirmos um profissional sobre um desvio entre o real e o esperado na competência, por exemplo, foco no cliente? Por que deixarmos nas mãos dos gestores a interpretação de dados de acordo com a sua percepção, compreensão e interpretação de significados? Se não houver alinhamento das estratégias em toda a empresa, os caminhos que o levarão ao alcance da visão serão naturalmente mais tortuosos. Lembrando ainda que a subjetividade, apesar de natural, ainda causa certo temor. Líderes são treinadores, guias ou facilitadores. A forma como as pessoas vêem o mundo, mercado, negócio e empresa deflagram seus modelos mentais. Quando o líder exerce seu papel entendendo esses pressupostos e ajudando as pessoas a reestruturarem seus valores de realidade, ajuda as pessoas a enxergarem novas possibilidades de moldar o futuro.

Lembre-se que até então vivíamos em um mundo mais previsível, onde as ferramentas de detecção das causas de problemas nos serviam. Hoje, o que mais vemos é a dificuldade dos gestores em entenderem os porquês. Então, minha proposta é: sistematize as suas ações. Dê um pouco mais de chão aos líderes da sua empresa. Padrões de comportamento, ou aquilo que se considera excelência no posto de trabalho, criam padrões de desempenho.

Advertência 6 – A posição da área de RH na arquitetura organizacional com a implantação da Gestão do Desempenho

"Elevar o RH à posição de poder e primazia na organizacao e garantir que o pessoal de RH tenha qualidades especiais para ajudar os gerentes a construir líderes e carreiras. Na verdade, as melhores características do pessoal de RH são a de pastores e pais na mesma embalagem."

Jack Welch

Outro ponto de suma importância a ser esboçado é a posição do RH na arquitetura organizacional da empresa. Disse no início deste capítulo que proporia alguns questionamentos, alertas e reflexões para que a implantação da Gestão do Desempenho com foco em competências fosse bem-sucedida.

Ainda tenho sido contatada por alguns profissionais de RH cuja área está acomodada no guarda-chuva do diretor financeiro. Após o entendimento das necessidades e do desenvolvimento do escopo dos trabalhos de capacitação para a sua empresa, sempre me apresentam a preocupação: "Será que a minha diretoria vai aprovar?" "Você poderia fazer a apresentação do trabalho para ele?"

Claro que o meu papel pressupõe fazer a apresentação de uma proposta seja lá a quem for. Até acho muito oportuna essa aproximação com a direção para identificar indicadores e possíveis alinhamentos ainda desconsiderados. O que me chama a atenção nessa história toda é exatamente o ar de preocupação que os profissionais de RH expõem.

De novo, repito: como queremos viver os novos e contemporâneos paradigmas, sob o regime dos paradigmas do controle? Desculpem-me, senhores administradores, mas não será possível! Perdoem-me a franqueza, mas, nessas circunstâncias, vocês estarão confirmando a profecia de que pessoas são despesas e as suas máquinas, seus ativos mais valiosos. Máquina deprecia-se, o ser humano não; a não ser que você permita. Gerenciamento de custos é importante, sim, mas não motiva ninguém. Gerenciamento de custo é importante, sim, mas não vai fazer a sua empresa crescer.

Se mesmo assim essa for a sua posição, que bom, basta assumi-la publicamente e parar de reclamar que as suas pessoas não se engajam, não se comprometem, não estão motivadas nem preparadas para ajudar a sua empresa a chegar aonde pretende. Tudo é uma questão de coerência entre discurso e prática. Se as suas máquinas, *hardwares* e *softwares* são as "meninas dos seus olhos" e as pessoas seu maior problema, não permita que a sua área de Recursos Humanos enverede para a construção de outra mentalidade na sua organização. Você tem o direito de usar o peso do crachá. Não tenha medo de assumir a sua posição. No mínimo, é mais honesto para com você e com todos.

Nenhum projeto que envolva diretamente as suas pessoas lhe trará bons resultados se você, como responsável maior de uma empresa, não o estiver encabeçando. Se não tem essa certeza, se você aprendeu que as pessoas funcionam bem com mecanismos de punição instituídos, se você acha que advertência e suspensão consertam comportamentos, não modifique suas crenças. Deixe que o tempo amadureça a idéia, e somente quando esse amadurecimento ocorrer, pense num projeto de avaliação e gestão de desempenho. Agora, enquanto isso não ocorrer, por favor, não reclame.

O espetáculo de se tornar uma área de RH estratégica

A implantação da Avaliação e Gestão do Desempenho não pode ser uma iniciativa da área de RH apartada das estratégias principais da companhia. Se você quiser adotar uma ferramenta ou metodologia que não passe de modismo e não permitir que essa distração venha culminar em investimentos sem retorno, ou, na melhor das hipóteses, em resultados pífios, embuta essas premissas na sua política de implantação. RH precisa extirpar o estigma de ser um centro de custos, para se tornar um centro de lucros. Por que será que alguns ainda estão sob o guarda-chuva do diretor-financeiro? Será que quando levamos a proposta de um trabalho estamos sabendo demonstrar o retorno que a empresa terá com o investimento?

A proposta que estamos incutindo, o modelo que as empresas precisam implantar, deve privilegiar o desenvolvimento de atitudes e postura das pessoas diante do negócio e da solução de problemas, com uma clara e sólida conexão entre teoria e prática, e não somente o conhecimento técnico operacional, que promova a gestão dos resultados das estratégias implementadas no desenvolvimento de pessoas (não somente quantitativos), capazes de dar suporte para a empresa atingir seus objetivos críticos de negócio. Esse é o ingresso para a sustentabilidade e perpetuação das empresas neste século.

A Gestão do Desempenho tem, portanto, a missão de levar a empresa e seus membros a reais crescimentos, a atingirem a sua visão. O conceito de crescimento nos remete ao desenvolvimento das pessoas para o negócio, portanto, treinamento e desenvolvimento de pessoas para eliminação dos *gaps* entre o real e o esperado, encontrados nas avaliações das competências.

Uma prática que parece enraizada é o velho (e ineficaz) levantamento das necessidades de treinamento. Muitas vezes desfocado da Missão e da Visão empresarial, quiçá de sua cadeia produtiva do negócio da empresa (fornecedores, clientes e comunidade), líderes convertem "pseudoproblemas" em programas de capacitação profissionais, atribuindo à área de T&D a responsabilidade da solução de suas crises.

Formata-se uma grade anual (para inglês ver ou, quem sabe, auditorias de qualificação), perdendo-se a referência de que educação corporativa está estreitamente ligada à competitividade. Essa forma já não dá conta de obter informações precisas das reais necessidades de capacitação profissional. Precisamos atuar mais nas oportunidades, e não somente em problemas. As oportunidades nos oferecerão os novos caminhos; a solução de problemas, apenas uma retomada provisória da normalidade.

Por incrível que pareça, ainda somos procurados por empresas através dos seus RHs para "torrarem" uma verba destinada a treinamento, pois um novo ciclo vai ser iniciado e o orçamento será perdido. O volume de trabalho que se apresenta às vésperas de auditorias de certificação e ao final de um período contábil ainda é alarmante. Até quando vamos continuar gastando o dinheiro da empresa em treinamentos que não gerarão valor algum? Gerencie por princípios, e não por procedimentos.

As empresas têm sido gerenciadas com muita técnica e pouca sabedoria. Depois não entendemos, enquanto profissionais de RH que somos, por que a empresa, a administração, a cúpula como costumo ouvir, não apóiam as ações da área. Se temos que culpabilizar alguém pelas dificuldades, que tal começarmos nos responsabilizando pelos nossos resultados? Uma boa parcela da culpa é nossa. A outra parcela de culpa? Advém das nossas dificuldades de vendermos e ganharmos adeptos à proposta (*bord* e liderança da empresa). Não fechemos os olhos para isso. Uma andorinha não faz verão. Pare de andar na contramão. Quando alguém tem a missão de assumir uma liderança capaz de levar uma empresa a alcançar resultados "nobres" através das pessoas, descobre-se que tais resultados não dependerão somente dele, por maior que seja a sua boa vontade. Mas dependerão, principalmente, da sua capacidade de estabelecer relações humanas dignas e de desenvolver ações de confiança e credibilidade. Isso é conseguido com trabalhos inteligentes.

Portanto, profissionais de RH, não somente nos serão exigidos bons e consolidados conhecimentos, mas também nos será exigido principalmente a maturação da nossa capacidade de promover o crescimento dos (e nos) outros. Significa, portanto, que você só poderá se sentir realizado, um vencedor, quando unificar ou compatibilizar o crescimento da sua empresa com as estratégias de crescimento das suas pessoas, num contexto substancialmente marcado pelas relações de trabalho, pela cultura empresarial, por problemas, imprevistos, limitações e falta de recursos. Esse é o nosso mundo. Seja bem-vindo! Teremos que atingir um grau de competitividade e modernidade com as exigências do mundo atual.

Se quiser deixar a sua marca, o seu legado, seja, acima de tudo, apaixonado por problemas. E transforme-os em grandes oportunidades e soluções. É aqui que imprimiremos a nossa inteligência, ao nos instrumentalizarmos para as ações de desenvolvimento humano e sistemas de gestão que possam assegurar esses resultados.

Para não provocar distorções, lembro, como já mencionado neste trabalho, que desempenho não é medido somente pelas perspectivas técnicas e comportamentais. A complexidade das tarefas e resultados também precisam ser apurados. E, como já ressaltou Rogerio Leme, não há como medir desempenho sem que tenha sido realizado o empenho, correto?

Há formas inteligentes e sistematizadas, que começam a ser exploradas, que são plenas de conteúdo e de instrumentos mais precisos para atuar com maior certeza e segurança.

A gestão de desempenho é, se bem implantada, um sistema de gestão capaz de assegurar esses resultados; é o instrumento que melhor determina para onde e para quem os esforços de T&D devem ser direcionados, quais esforços são esses, e mais, fontes seguras para medir os resultados de suas ações. Assim, o tiro (esforço) não será curto e nem acertará o pé. Trará não só um diagnóstico preciso, como também saberá prognosticar os resultados com as intervenções certeiras.

Profissional de RH – incremente planos com mais simplicidade e mais confiabilidade nas suas propostas. Fale a língua do seu "eleitorado". Saia do gabinete. Vá para a linha de frente entender qual é o seu papel junto ao público interno e externo, incluindo os clientes da sua empresa. Capacite seus líderes. Não queira fazer da sua empresa uma empresa moderna, sem avaliar o grau de modernidade dos seus gestores.

Dirigentes – envolvam sua área de T&D nas decisões estratégicas da sua empresa. E cobrem, depois disso, resultados. Vocês vão se surpreender.

Lembre-se da frase de Peter Drucker, maior guru de administração do século XX: "Nenhuma empresa é melhor do que o seu administrador permite".

Relembro que a Avaliação e a Gestão do Desempenho devem auxiliar as empresas a atingirem a sua visão. Ponto! Você trabalhará, portanto, com indicadores de crescimento qualitativos e quantitativos. Aí você pode dizer que está medindo as eficácias das suas ações.

Portanto, antes de responsabilizar as pessoas pelos resultados, caso estejam aquém do desejado, olhe para a sua realidade, não somente interna, mas também externa. Quem sabe os verdadeiros problemas não estejam no público interno, mas na inabilidade das suas lideranças e na ineficiência de seus sistemas e processos para atender às novas exigências de mercado.

Quando tratar da capacitação das suas lideranças, lembre-se de que liderança é um universo! O que os seus líderes essencialmente precisam aprender e praticar para conseguir, através de suas equipes, levar a empresa a atingir a sua visão? Precisamos imprimir um pouco mais de inteligência nas nossas ações. Não temos dinheiro sobrando. E se você ainda conseguir fazer parte de um ambiente onde os recursos financeiros são abundantes para o desenvolvimento de pessoas, que bom, mas, por favor, invista direito. Deixe a sua marca de um RH verdadeiramente estratégico. É sua obrigação. Não invista por investir. Não valorize seus esforços pela quantidade de treinamentos que oferece. O indicador que demonstra a quantidade de treinamento por profissional deveria ser abolido. Desde quando quantidade redunda em qualidade?

Parece que todos nós temos nos questionado sobre quais ações, práticas e processos são capazes redundar na grandeza organizacional, seja com a obtenção de um desempenho superior, seja na fidelização dos nossos clientes, seja com o comprometimento singular das nossas pessoas e das nossas equipes.

Então, vamos lá!

Muitas boas propostas culminam em maus resultados devido à inexistência de clareza e de uma forte aproximação do RH com os objetivos estratégicos da empresa. Se os responsáveis da área desconhecem os objetivos empresariais para o futuro, as oportunidades e ameaças que afligem a empresa no ambiente externo, é claro que não conseguirão alinhar os esforços do departamento aos resultados organizacionais de médio e longo prazos. Desgarrados dos objetivos estratégicos, acabam atuando somente no presente, adotando uma postura assistencialista, corrigindo mais que prevenindo, inventando modas que não terão aderência alguma. E aí, por conta das dificuldades que poderiam ser perfeitamente evitadas, voltam-se para o tradicional, achando que um treinamento será suficiente para dar ritmo à organização.

Costumo afirmar que treinamento pontual deve ser concebido somente para corrigir ineficiências técnicas e de procedimentos. Quando se fala em atitudes, em comportamentos, não há adestramento que se sustente. Primeiro, porque não se trata de receitinhas de bolo; segundo, porque qualquer alteração atitudinal ou comportamental requer, em primeira instância, uma concordância interna, que deve preceder à mudança. É mudança de hábito, portanto não é um workshop que vai instituir a mudança. Treinamento em comportamentos é um processo. Por isso, não acredito em treinamento comportamental. Acredito, sim, na construção de modelos, de mentalidades, de conceitos, de crenças que permearão as decisões e ações que envolvem diretamente pessoas. Um trabalho de 8, 16 horas, até cursos mais intensivos, que desaprovo totalmente, não enraizarão conteúdos. Como você pretende desenvolver atitudes? Com técnicas de liderança? Liderança é uma prática, é uma escolha, não uma posição. Você acredita piamente que um gerente da sua empresa sairá de um treinamento de liderança transformado? Pense comigo: o que é liderar para a sua empresa? Como então ainda nos propomos a ir para o mercado, contratar uma consultoria para treinar as nossas lideranças?

Treinar exatamente o quê? O que e como você pretende medir o retorno sobre os investimentos das suas ações para garantir que um treinamento não seja apenas um momento de mera descontração ou o usufruto de um *coffee-break* farto? Parece incrível, mas ainda vejo pessoas se deslocarem de seus ambientes de trabalho convidadas a participarem de um treinamento sem saber por que lá estão e o que será esperado delas posteriormente. Então se deslocam para se divertir. Sabe por quê? Porque nada acontece quando de sua volta! Investiu-se e não se cobra nada de ninguém. Investiu-se e nada acontecerá se o nada for o resultado obtido.

Essa situação fez-me lembrar de um fato. Dia desses, às vésperas de um feriado prolongado, um gerente de uma multinacional que migrava a passeio para a cidade do Rio de Janeiro, recebeu a incumbência dos pares de trazer uns mosquitinhos da dengue quando de seu retorno.

Pode parecer piada, brincadeira, sei lá. Não sei se levo a vida muito a sério, mas nunca permiti, como profissional de Recursos Humanos, menosprezar os sinais recebidos do ambiente. Os gestores clamavam, de forma bem-humorada, por uma semana de licença médica. Uma semana de folga. Uma semana de sossego. Uma semana longe dos problemas. Uma semana afastado do caos. Diante de tantas intempéries vividas hoje nas empresas, não poderia ser diferente.

A falta de direção, de alinhamento, de planejamento, de organização, a indefinição de metas crucialmente importantes (o que é importante hoje, já não o é mais em horas), a falta de informação sobre onde estamos e aonde queremos chegar estão tornando os profissionais cansados demais para se engajarem e usarem as suas mais plenas potencialidades. O desempenho em si é o fator mais energizante que existe quando há possibilidade de êxito, de sucesso. No entanto, RH desconectado da visão empresarial não será capaz de trazer bons resultados. Administrações confusas, também não. Dar tiros para todos os lados, colocando os seus recrutas no fogo cruzado, atribuindo tarefas, hoje uma, daqui a pouco outra, todas com graus de urgência sem qualquer entendimento dos motivos, me perdoe... Isso é no mínimo mediocridade.

O espetáculo das conexões estratégicas

Uma outra variável, por vezes negligenciada, está na interligação dos vários subsegmentos ou sistemas da organização, configurados na arquitetura organizacional nos seus diversos departamentos ou áreas, que devem, a priori, formar uma teia de alinhamento com a missão e a visão empresarial e as suas estratégias de sucesso, criando uma identidade única em franca sintonia com as práticas de gestão de negócios e pessoas.

Aqui, o papel do RH e das lideranças é fundamental. Não podemos admitir inconsistências ou disparidades nas práticas corporativas.

Se a empresa optou por obter resultados avaliando e gerenciando seu desempenho pelas competências, as práticas de atração, seleção e retenção de talentos precisam comungar das mesmas diretrizes. Por isso, selecione por competências, remunere por competências, crie políticas de encarreiramento, crescimento e evolução das pessoas através da avaliação do Desempenho por Competências, treine nas competências, ofereça *feedback* para que bons comportamentos que levaram a bons resultados sejam repetidos, corrija os comportamentos responsáveis por maus resultados, oferecendo os recursos necessários para eliminação das carências, enfim, mexa nos seus subsistemas, para não haver desalinhamento e competição interna desnecessários.

Advertência 7 – Sua empresa está preparada?

Tenho "atendido" muitos profissionais, principalmente da área de Recursos Humanos, pedindo ajuda para entenderem por que a avaliação de desempenho na sua empresa perdeu força e acabou caindo no esquecimento, ou, me apropriando de suas palavras, engavetada. Creio já ter oferecido boa parte das respostas para tal questionamento.

Parece incrível, mas todas as empresas que conheço citam a satisfação de seus colaboradores com um valor organizacional. Se os valores organizacionais nada mais são que comportamentos correlatos, que determinam rigorosamente como as pessoas devem agir, portanto incorruptíveis, por que ainda mantemos pessoas que não demonstram o menor desejo de aplicá-los?

Valores, uma vez definidos, não podem ser desacreditados e postos à prova com comportamentos inversos, perversos, manipulativos e insensatos. Isso é imperdoável.

Se você percebe essa incoerência na sua empresa, porque acredita que as pessoas ainda funcionam na base do reforço positivo e punitivo, que qualquer "recompensazinha" lhes agrada, então, pelo amor de Deus, tire a satisfação dos seus colaboradores dos valores da sua empresa. Admirarei a sua honestidade.

Há bem pouco tempo, estive em uma empresa que desejava treinar a sua liderança. Fui recebida pelo gerente de RH, que resolveu me sabatinar, em tom frívolo e áspero, desembestando a me fazer um amontoado de perguntas a fim de conhecer meu posicionamento sobre as melhores práticas de atração, desenvolvimento e retenção de talentos. Que bom que eu estava em um bom dia! Precisava entender o que estava por trás daquela agressividade; o que poderia estar afligindo-o tanto. Depois de atender aos seus anseios, o clima se tornou mais amistoso, seu comportamento, como que por encanto, foi inexplicavelmente alterado e, em tom mais cortês, resolveu abrir a guarda e me falar sobre a empresa, suas necessidades, e sobre as maiores dificuldades enfrentadas. Lembro-me, com nitidez, quando ele questionou-me sobre o trabalho de educação continuada que oferecemos ao mercado para capacitar os líderes de empresas – que tem trazido resultados impressionantes –, indagando-me se as práticas por nós propostas na gestão de pessoas, concebidas sob a ótica do paradigma da nova era, são de fácil assimilação e aplicabilidade, por que o mercado tem requerido tanto os nossos serviços? Respondi-lhe que os paradigmas modernos precisam de práticas de gestão de pessoas que acompanhem essa evolução. Verdadeiros líderes enxergam as suas pessoas como um todo e atuam no sentido de fazer eclodir o seu potencial criativo.

Explicitei, com veemência, que as melhores práticas não são universais. Programas fracassam porque não respeitam as particularidades da empresa. Por mais impressionante que possam lhe parecer, seja pelo renome do autor, seja pela metodologia, se não forem customizados vão gerar descrédito, vão gerar prejuízo. Se você não definir indicadores de melhoria, o conteúdo não terá foco. Não se muda o que não pode ser medido. Isto feito, transforme os dirigentes da empresa em agentes responsáveis pelo projeto. Como consultora, preciso ser correta e alertar a empresa parceira de que o seu momento pede outras interferências, pois a qualidade dos resultados que proponho devem ser sempre superiores ao investimento que a empresa precisa fazer. Portanto, se percebo que não há engajamento da direção, se percebo que a necessidade não passa de discurso, não faço!

Acho que todo RH deveria agir dessa forma. Também na vida já me precipitei em incutir numa empresa princípios em que a mesma não estava preparada para absorver, até compreender que uma empresa não pode ser maior ou melhor do que os seus administradores permitem. A vida nos oferece o livre arbítrio da escolha. Claro que existem coisas que não temos como escolher. Mas a empresa, para a qual desejamos doar o melhor de nós mesmos, ah!, esta sim, é escolha nossa. Individual e intransferível. Talvez por isso veja tantas empresas se descabelando para reter talentos. Tantas vagas abertas sem preenchimento. Por que será?

Uma palavra final

Insisti em fazê-lo entender os paradigmas da nova era. Mas quero fazê-lo considerar, como a mais pura verdade, que **a gestão do desempenho por si só é um modelo mecanicista típico da revolução industrial.** Se a intenção de adotá-la for meramente de avaliar, recompensar e punir pessoas, você estará desconsiderando as potencialidades das melhores práticas em gestão de pessoas.

Se você for usá-la meramente para distribuir os lucros da companhia, também! Se você percebe que, às vésperas da avaliação, os colaboradores se mostram tensos, preocupados, você está usando-a como um caráter repressor!

Gestão do Desempenho não é Avaliação do Desempenho. Avaliação do Desempenho não é Gestão do Desempenho. Para dizer que faz gestão, todo líder precisa agir proativamente, analisando se as ações estão levando a equipe para o atingimento dos objetivos, corrigir rotas em tempo oportuno, auxiliar cada profissional a assumir a responsabilidade sobre a sua própria vida e de se tornar melhor todos os dias. Instaure a cultura do *feedback* na sua empresa. Um *feedback* só será efetivo se for verdadeiro e tiver a genuína intenção de ajudar o outro a se melhorar (diálogo franco). Todos já ouvimos o velho e conhecido ditado que diz: "O verdadeiro amigo não necessariamente é aquele que nos diz aquilo que queremos ouvir, mas aquele que é capaz de nos dizer as verdades na hora certa, da forma certa". E as verdades precisam ser ditas continuamente, não somente no momento da avaliação. Esse papel também é seu, grande líder. Não é do RH da sua empresa.

Sem querer deprimi-lo, estatísticas mostram que a doença mais comum em 2020 será a depressão. Leve como lema que trabalho tem de dar prazer. Se uma pessoa trabalha por obrigação, é escravo ainda e vai se arrastar na mediocridade da sobrevivência. Talvez diante dessa situação também tenhamos como imprimir a nossa inteligência de líderes: ajude as pessoas certas a fazerem as coisas certas, da forma certa, na hora certa. Tenho certeza de que na sua empresa há grandes potenciais adormecidos, precisando apenas do seu sinal para despertarem.

Faça-se lembrar positivamente. Deixe a sua marca. Deixe o seu legado.

Anexo I

Metodologia do Inventário Comportamental para Mapeamento de Competências

Este é um resumo da Metodologia do Inventário Comportamental para Mapeamento de Competências. Ela permite a identificação das competências comportamentais necessárias para que a empresa possa agir alinhada à Missão, à Visão e aos Valores através da condução de uma atividade em que os próprios colaboradores identificam as competências da organização, de forma simples, rápida e participativa.

Faço o convite àqueles que se identificarem com o resumo dessa Metodologia para ler meu primeiro livro, "Aplicação Prática de Gestão de Pessoas", publicado pela Qualitymark.

As competências identificadas servem como base e sustentação para todo o processo de Gestão por Competências de forma sólida, pois trabalham com a redução da subjetividade e têm comprovação matemática.

Características do Inventário Comportamental

- *É baseado no conceito de Indicadores de Competências*, o que não requer que os colaboradores tenham conhecimentos teóricos sobre competências.
- *Utiliza os Recursos da Própria Empresa*, pois a implantação pode ser realizada pelo próprio RH das empresas, e o levanta-

mento dos indicadores é realizado diretamente com os colaboradores, o que valoriza o papel de cada um na organização e caracteriza o processo por um método Construtivo e Participativo.

○ *Comprovado Matematicamente*: O *Inventário Comportamental* possui respaldo matemático para cálculo do NFC – Nível de Competências da Função; do NCC – Nível de Competências do Colaborador; e do NCE – Nível de Competências do Entrevistado (candidato) – eliminando a subjetividade do processo tradicional de mapeamento de Competências. De acordo com pesquisas na literatura, o *Inventário Comportamental* é a única metodologia comprovada matematicamente.

○ Redução do tempo de Mapeamento e Avaliação das Competências Comportamentais, o que significa redução de custos no processo de mapeamento, permitindo que sejam transferidos os recursos de investimentos do mapeamento e avaliação para o treinamento e desenvolvimento dos colaboradores.

○ Aumento da assertividade, pois trabalha com indicadores construídos pela própria organização.

○ Avaliações com Foco em Competências Comportamentais construídas de forma precisa e objetiva, aumentando a eficiência do processo.

○ Implantação rápida, simples e em linguagem acessível, para que todos da organização entendam.

○ Identificação das questões a serem aplicadas à Avaliação com Foco em Competências, da Auto-avaliação até a 360º.

○ Base consistente para desenvolver os colaboradores de forma objetiva e precisa.

○ Base para elaborar as questões a serem aplicadas na Entrevista Comportamental para Seleção por Competências.

○ Aplicável em empresas de qualquer porte, segmento ou número de colaboradores.

A Metodologia

A metodologia tradicional de mapeamento de competências gera, logo de início, uma grande dificuldade para os colaboradores, pois ela exige que eles falem em competências como: flexibilidade, criatividade, foco em resultado, visão sistêmica etc.

Essa não é a linguagem do dia-a-dia da organização e oferece uma grande dificuldade para a compreensão e implantação da Gestão por Competências.

A proposta do Inventário Comportamental é trabalhar com os Indicadores de Competências Comportamentais, que são os comportamentos que podem ser observados nas pessoas.

As pessoas apresentam a todo momento indicadores de competências comportamentais através de seus comportamentos diários. É fato também que nem sempre esses comportamentos são adequados, sendo que alguns precisam ser melhorados, outros desenvolvidos e outros até "implantados", por ainda não terem esses comportamentos.

O papel do Inventário Comportamental é identificar quais são esses comportamentos, os bons, os ruins e quais precisam ser "implantados/desenvolvidos" nos colaboradores.

O desafio é falar em competências sem usar a linguagem das competências e, principalmente, extrair dos colaborares esses indicadores. Eles têm a resposta precisa para a solução desse impasse, pois, melhor do que ninguém, eles vivem a realidade da empresa diariamente.

E o que pode ser mais real e consistente que um Comportamento que pode ser Observado para definir um Indicador de Competência Comportamental?

Assim, o Inventário Comportamental traz a definição: *"O Comportamento observável é o Indicador de Competência Comportamental".*

Definição do Inventário Comportamental

O Inventário Comportamental para Mapeamento de Competências é uma Lista de **Indicadores de Competências** *que traduz a conduta* *do Comportamento Ideal desejado e necessário para que a Organização possa agir alinhada à Missão, à Visão, aos Valores e à Estratégia da Organização.*

A construção do Inventário Comportamental

Vamos partir do princípio que todo o processo de sensibilização da organização para a implantação de Gestão por Competências tenha sido executado.

O primeiro objetivo é encontrarmos as competências organizacionais. Existem muitas formas para fazer referência às competências de uma empresa, como competências essenciais, diferenciais, "core competence", competências do negócio etc. O objetivo nesse momento é encontrar todas as competências que são necessárias para a organização, independentemente de serem essenciais ou qualquer qualificação que possa ser dada.

Geralmente, uma empresa deve ter de 8 a 15 competências (incluindo todas as competências). Mais do que isso é inviável se ser trabalhado. Algumas metodologias, profissionais ou empresas dizem que conduzem processos com mais de 30 competências. Isso não é prático e é subjetivo, pois chega um momento que fica difícil dizer qual a diferença do trabalho em equipe e cooperativismo, por exemplo.

Como mencionado anteriormente, não trabalharemos com os títulos da competência, pois essa não é nossa linguagem do dia-a-dia. Costumo usar o seguinte exemplo para ilustrar essa afirmação: Quando passa uma pessoa por nós, não dizemos ou pensamos: "Nossa, que pessoa com Foco em Resultados!", mas somos capazes de observar os comportamentos que essa pessoa tem que nos levam à conclusão de que ela tem a competência Foco em Resultados.

Portanto, para alcançar o primeiro objetivo, a identificação das competências organizacionais, vamos escolher uma amostra de colaboradores de todas as funções, desde a mais simples até o diretor ou presidente da empresa, dependendo da estrutura organizacional.

Por exemplo, se uma função possui 30 colaboradores, escolha de 6 a 8 colaboradores dessa função. Caso haja uma função exercida por 2 ou 3, podem ser escolhidos todos eles.

Não existe um percentual exato para se escolher, apenas saiba que quanto maior o número de colaboradores na mesma função, percentualmente esse número é menor. O importante é ter "colaboradores-representantes" de cada uma das funções da organização.

Esses colaboradores serão colocados em uma sala (pode haver diversas turmas, de acordo com a capacidade da sala). Deve ser feita uma categórica exposição e sensibilização da Missão, Visão e Valores da empresa, da responsabilidade e parcela de contribuição de cada colaborador, o papel que o gestor na condução das pessoas para os objetivos organizacionais e explicação do que é Gestão por Competências e como ela contribui para esses objetivos.

Após essa sensibilização, é dada a notícia que os colaboradores presentes ajudarão na construção da Gestão por Competências, através de uma atividade de observação, chamada "Gosto/Não Gosto/O Ideal Seria".

Após toda a explicação do processo, será entregue uma folha com três colunas. As colunas terão os títulos "Gosto", "Não Gosto" e "O Ideal Seria", respectivamente.

Gosto	Não Gosto	O Ideal Seria

Os colaboradores serão orientados a pensar em cada pessoa com as quais ele se relaciona na organização: subordinados, superiores ou pares, clientes ou fornecedores internos. Ao pensar na primeira pessoa, o colaborador deve anotar na coluna "Gosto" os comportamentos dessa pessoa que são admirados por ele e que contribuem para a organização.

Dessa mesma pessoa, porém na coluna "Não Gosto", devem ser registrados os comportamentos que o colaborador julgue que não sejam adequados, e, na última coluna, "O Ideal Seria", quais os comportamentos que precisam ser "desenvolvidos" nesse colaborador para que a organização atinja o MVVE – Missão, Visão, Valores e Estratégia da Empresa.

As colunas "Gosto" e "Não Gosto" traduzem os comportamentos que serão transformados em competências do hoje, enquanto a coluna "O Ideal Seria" traduz os comportamentos necessários para que a empresa possa atingir o amanhã, dado pela Visão.

Orientações para a aplicação do "Gosto/Não Gosto/ O Ideal Seria"

- Sensibilizar e destacar MVVE – Missão, Visão, Valores e Estratégia da Empresa.
- Não há limites de comportamentos a serem registrados.
- Cada colaborador recebe uma única folha de Coleta.
- A reflexão deve ser feita sobre todas as pessoas com as quais o colaborador se relaciona, registrando todas as frases na mesma folha.
- Não identificar quem está respondendo e de quem é o comportamento.
- Não é necessário escrever novamente um comportamento, caso já esteja relacionado.

A contribuição dos colaboradores termina aqui. Temos em mãos diversas folhas com todos os indicadores de comportamento que a organização precisa segundo sua própria visão, desde a função mais simples até a visão de futuro, representada nos indicadores gerados pelos gerentes, diretores e presidentes.

Diferentemente da metodologia tradicional que parte da análise do colaborador com "Top Performance" (melhor desempenho), o Inventário Comportamental consegue atingir *todos* os colaboradores, através do registro das observações dos colaboradores participantes da coleta, pois, mesmo que um colaborador não esteja ali, certamente ele foi observado. Além disso, a estrita observação do colaborador de Top

O INVENTÁRIO COMPORTAMENTAL PARA MAPEAMENTO DE COMPETÊNCIAS

Performance pode não traduzir o perfil ideal para o amanhã, dada pela Visão da empresa.

Assim, pela atividade da coleta, temos os indicadores bons (coluna "Gosto"), os ruins (coluna "Não Gosto") e os que precisam ser "implantados/desenvolvidos" (coluna "O Ideal Seria"). Por exemplo:

Gosto	Não Gosto	O Ideal Seria
– Soluciona de forma rápida os problemas do cliente	– Não é cortês com os colegas de trabalho	– Fosse objetivo ao expor suas idéias
– Traz soluções criativas para os problemas que parecem difíceis de resolver	– Não sabe ouvir os *feedbacks*	– Confraternizasse os resultados obtidos
....	...	...

O próximo passo é consolidar esses indicadores, transformando-os:

○ No infinitivo.

○ No sentido ideal para a organização.

○ De forma afirmativa.

○ Eliminando os duplicados ou de mesmo sentido.

De acordo com o exemplo acima, temos os seguintes indicadores consolidados:

○ Solucionar de forma rápida os problemas do cliente.

○ Trazer soluções criativas para os problemas que parecem difíceis de resolver.

○ Ser cortês com os colegas de trabalho.

○ Saber ouvir os *feedbacks*.

○ Ser objetivo ao expor suas idéias.

○ Confraternizar os resultados obtidos.

Esses são os indicadores que a organização precisa e que deve buscar em seus colaboradores. Agora, utilizando uma lista de competências, como as disponíveis na literatura, basta associar cada indicador a uma competência. No exemplo, teríamos:

Indicador de Comportamento Apurado	Competência Associada
Solucionar de forma rápida os problemas do cliente	Foco no Cliente
Trazer soluções criativas para os problemas que parecem difíceis de resolver	Criatividade
Ser cortês com os colegas de trabalho	Relacionamento Interpessoal
Saber ouvir os *feedbacks*	Relacionamento Interpessoal
Ser objetivo ao expor suas idéias	Comunicação
Confraternizar os resultados obtidos	Liderança

...e assim para cada indicador apurado.

O resultado dessa apuração será uma lista de Competências e cada uma com uma quantidade diferente de indicadores, por exemplo:

Competência	Total de Indicadores Apurados
Liderança	8
Foco em Resultados	12
Criatividade	7
Foco no Cliente	4
Visão Sistêmica	9
Empreendedorismo	4
Organização	5
Comunicação	8

Competências Organizacionais

As competências encontradas a partir da consolidação do "Gosto/Não Gosto/O Ideal Seria" são as Competências Organizacionais,

O INVENTÁRIO COMPORTAMENTAL PARA MAPEAMENTO DE COMPETÊNCIAS   **135**

que foram visualizadas naturalmente, diferentemente da metodologia tradicional, que tem uma linha de dedução e subjetiva.

Após essa consolidação, um comitê estratégico deve fazer a validação dos indicadores e, por conseqüência, das competências.

A metodologia do Inventário Comportamental não exige que cada competência tenha aquela frase tradicional com um significado do que é a competência para a empresa, pois temos algo muito mais preciso do que a frase, que são os indicadores de comportamento.

Se você desejar utilizar aquela frase, basta fazer sua composição, tendo como base os indicadores que traduzem o que significa a competência para a empresa.

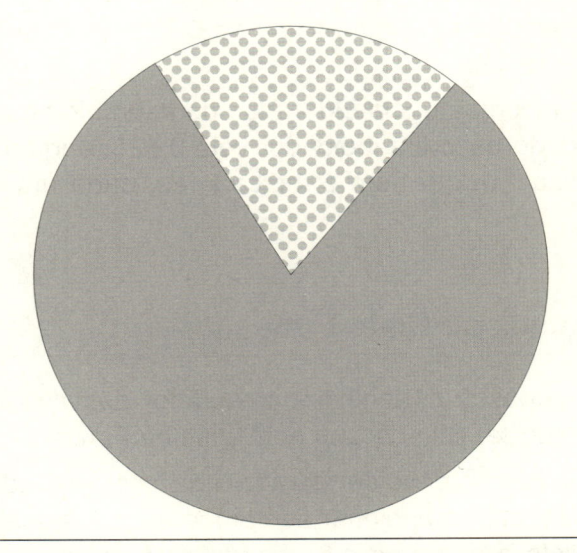

O Inventário Comportamental visualiza o significado da Competência para a empresa.

Quando falamos simplesmente no título de uma competência temos um universo, representado pela circunferência completa da figura acima. É a Amplitude do conceito da Competência. Com o Inventário Comportamental temos a identificação precisa de qual o significado da competência para a Organização (a parte mais clara do círculo), através dos seus indicadores, que são, de fato, os comportamentos necessários para que a empresa possa cumprir sua Missão e Visão.

Início do Processo Matemático

Como cada competência possui uma quantidade de indicadores, o peso de cada indicador pode ser calculado de acordo com a fórmula:

$$\text{Peso Indicador} = \frac{\text{Nível Máximo da Escala}}{\text{Quantidade de Indicadores da Competência}}$$

Onde o Nível Máximo da Escala é fixo de acordo com a escala utilizada. Por exemplo, em uma escala de 0 a 5, o Nível Máximo será sempre 5.

Assim, na Competência Liderança do exemplo acima, como ela possui 8 indicadores, cada indicador vale 0,625, enquanto a competência Organização, que tem 5 indicadores, cada um deles vale 1 ponto.

Competências de Cada Função

O próximo passo é identificar o "quanto" dessas Competências cada função precisa. São as Competências da Função.

Para cada função deve ser gerada uma lista com todos os indicadores apurados, sem mencionar as competências, apenas os indicadores. Essa lista é entregue ao superior da função que, juntamente com um representante da função irão determinar a necessidade desses comportamentos para a função, classificando-os como: "Muito Forte", "Forte", "Normal", "Não se aplica". É a construção do Perfil Comportamental ideal. Veja o exemplo na tabela da página seguinte.

Os comportamentos classificados como "Normal" e "Não se Aplica" serão desprezados. Outras funções poderão utilizá-lo. Assim, aqueles marcados como "Muito Forte" e "Forte" são os comportamentos necessários para a função. Para cada competência, aplica-se a fórmula do NCF – Nível de Competência para Função.

Planilha de Mapeamento de Comportamentos
Função:

Comportamento	Muito Forte	Forte	Normal	Não se aplica
Criar Estratégias que conquistem o cliente	X			
Trazer idéias para desenvolver os produtos já existentes				X
Trazer soluções criativas para os problemas que parecem difíceis de resolver		X		
Apresentar alternativas para melhor aproveitar os recursos orçamentários			X	
...	...	...	...	...

NCF – Nível de Competência para Função

$$\text{NCF} = \frac{\text{Nível Máximo da Escala}}{\text{Quantidade de Indicadores da Competência}} \times \text{Quantidade de Indicadores Marcados como "Muito Forte" ou "Forte" para a Função}$$

Por exemplo, considerando a competência Liderança com 8 indicadores e que, para uma determinada função, 4 desses indicadores tenham sido marcados como "Muito Forte" ou "Forte", aplicando a fórmula do NCF temos:

$$\text{NCF} = \frac{5}{8} \times 4 = 2,5$$

Ou seja, a função em questão precisará de Liderança nível 2,5.

Esse nível é importante, pois será a representação gráfica que faremos da necessidade da competência para a função, mas o Inventário Comportamental oferece mais do que isso, traduzindo o que esses 2,5 representam, que são *os indicadores marcados como "Muito Forte" ou "Forte"*. São esses indicadores (comportamentos) que os colaboradores dessa função precisam ter. São esses indicadores que devem ser procurados nos candidatos no processo de Seleção por Competência, de forma clara e objetiva.

Competências de Cada Colaborador

Para determinar o **NCC – Nível de Competência do Colaborador**, aplica-se a Avaliação Comportamental com Foco em Competências, que pode ser desde a Auto-avaliação, 90º, 180º ou 360º.

Novamente, o Inventário Comportamental é utilizado, pois basta transformar os indicadores apurados nas perguntas da avaliação, tabulando a resposta em uma escala onde o avaliador analisa a freqüência com a qual o avaliado apresenta cada um dos comportamentos.

Veja o exemplo:

Avaliação Comportamental

Avaliado: Avaliador:	Todas as vezes (100%)	Muitas vezes (80%)	Com freqüência (60%)	Poucas vezes (40%)	Raramente (20%)	Nunca (0%)
Cria Estratégias que conquistem o cliente?						
Traz idéias para desenvolver os produtos já existentes?						
Traz soluções criativas para os problemas que parecem difíceis de resolver?						
Traz soluções quando faltam recursos para um projeto?						
...	...	...	...	...	...	...

O INVENTÁRIO COMPORTAMENTAL PARA MAPEAMENTO DE COMPETÊNCIAS

O cálculo do NCC deve ser feito para cada competência. O exemplo abaixo utiliza uma competência com 8 indicadores, sendo que os indicadores sinalizados com um asterisco são os indicadores necessários para a função que o suposto avaliado exerce, ou seja, que foram marcados como "Muito Forte" ou "Forte".

Opções ⇒	Todas as vezes	Muitas vezes	Com freqüência	Poucas vezes	Raramente	Nunca
Pontos equivalentes ⇒	5	4	3	2	1	0
Indicador 1	X					
Indicador 2		X				
Indicador 3 *		X				
Indicador 4 *			X			
Indicador 5				X		
Indicador 6 *		X				
Indicador 7			X			
Indicador 8 *			X			

Considerando os indicadores 3, 4, 6 e 8 como necessários para a função, aplicando a fórmula do NCF, encontramos que essa função precisa de nível 2,5, conforme exemplo já apresentado.

O NCC tem duas variações e respectivas fórmulas, que são apresentadas seguidas de sua resolução utilizando as respostas da tabela acima:

NCCo = Nível de Competências do Colaborador em relação à Organização

$$NCCo = \frac{\text{Soma dos pontos da Avaliação de todos os Indicadores}}{\text{Quantidade de Indicadores da Competência}}$$

$$NCCo = \frac{28}{8}$$

NCCo = 3,5

NCCf = Nível de Competências do Colaborador em relação à Função

$$NCCf = \frac{\text{Soma dos pontos da Avaliação somente dos Indicadores necessários para a função}}{\text{Quantidade de Indicadores da Competência}}$$

$$NCCf = \frac{14}{8}$$

NCCf = 1,75

Portanto temos:

$$NCF = 2,5$$
$$NCCo = 3,5$$
$$NCCf = 1,75$$

Gap em relação ao NCCf = 0,75

O NCCf demonstra um *gap* na função que o colaborador exerce, ou seja, se comportamentalmente ele atende às exigências da função.

O NCCo demonstra o nível de competência do colaborador em relação à organização; é tudo que o colaborador tem daquela competência. Isso permite constatar se o colaborador é um talento ou ainda se ele pode ser aproveitado em outra função, pois muitas vezes encontramos o colaborador com um alto potencial em uma competência, porém com um *gap* dessa mesma competência em relação à função que exerce.

O mais importante, porém, não é dizer que o *gap* do colaborador é de 0,75, mas, sim, ter a identificação dos indicadores em que ele foi mais mal avaliado, e, sobre eles, fazer efetivamente o *Feedback* para Resultados e traçar o plano de treinamento e desenvolvimento específico, o que reduzirá seu *gap* e aumentará seu potencial, permitindo que a organização trabalhe com a visão de futuro da avaliação, que é desenvolver o colaborador.

Anexo II

Definições de Competências Comportamentais e Indicadores

Apesar de ser desfavorável a listas prontas, apresento uma lista de competências e indicadores. Mas o objetivo dessa lista é de caráter didático e ilustrativo e insisto em não recomendar, por maior que seja sua vontade ou falta de tempo, em utilizar essa lista como as competências e indicadores de sua empresa. Se você utilizá-la, não estará fazendo o mapeamento das competências da sua empresa.

Cada empresa pode ter definição e entendimento diferentes para o mesmo indicador. Por exemplo, o indicador "Dar retorno ao cliente" pode ser entendido por algumas empresas como Foco no Cliente e, para outras, como Foco em Resultados. O que caracteriza essa diferenciação é a cultura da empresa e sua Missão, Visão e Valores.

Fiz a opção por uma lista das 14 competências principais que encontramos nas empresas às quais aplicamos os processos de gestão por competências. São elas:

- Criatividade.
- Empreendedorismo.
- Visão Sistêmica.
- Negociação.
- Organização e Planejamento.
- Foco em Resultado.
- Foco no Cliente.
- Cultura da Qualidade.

- Liderança.
- Tomada de Decisão.
- Comunicação.
- Trabalho em Equipe.
- Relacionamento Interpessoal.
- Flexibilidade.

Para cada competência, utilizamos exemplos de indicadores que representam essas competências, de caráter exclusivamente didático. Daí o motivo do alerta e da necessidade de fazer um trabalho personalizado, como detalhado neste livro, pela Metodologia do Inventário Comportamental. E, para evitar um uso indevido dessa lista, apresentarei no máximo 5 indicadores por competência. Para algumas competências, apresento um comentário após a definição.

O meu primeiro livro, "Aplicação Prática de Gestão de Pessoas por Competências", aprofunda os conceitos da metodologia. É uma interessante recomendação de leitura caso o leitor faça a opção por sua aplicação na empresa.

Lista de Competências, Definições e Exemplos de Indicadores

Criatividade

Conceber soluções inovadoras, viáveis e adequadas para solucionar situações de impasse.

Exemplo de Indicadores

- Trazer soluções criativas para os problemas que parecem difíceis de resolver.
- Trazer idéias para desenvolver os produtos/serviços já existentes.

- Apresentar alternativas criativas para melhorar os procedimentos.
- Apresentar idéias de novos produtos/serviços a serem desenvolvidos.
- Trazer soluções criativas quando faltam recursos (financeiros ou não) para um projeto.

Empreendedorismo

Visualizar e colocar em prática soluções e oportunidades de ação, visando a competitividade da organização por meio de seus produtos e serviços, ou de ações referentes ao ambiente de trabalho e equipe.

Comentário

Empreender significa deliberar-se a praticar, propor-se, tentar. O empreendedorismo está relacionado a colocar em prática uma solução vinda da competência Criatividade.

- Manter-se atualizado sobre o mercado e assuntos com que a empresa lida.
- Estar atento para oportunidades de mercado, assumindo riscos calculados para manter a empresa competitiva.
- Promover a implantação de soluções que contribuam para melhorias ou mudanças importantes no ambiente de trabalho.
- Buscar por mudanças no ambiente de trabalho ou equipe, não tendo uma visão conformista diante de problemas.

Visão Sistêmica

Ter a visão do processo ou empresa como um todo, a interdependência das áreas ou subsistemas, visualizando os impactos de uma ação.

- Perceber o impacto da atividade que realiza nos processos das demais áreas da empresa.

- Perceber o impacto de uma ação a ser realizada em sua área, em outras áreas e na empresa.
- Ter compreensão dos processos da empresa.
- Visualizar se uma ação está alinhada à Missão e à Visão da empresa.
- Conhecer todas as áreas da empresa para compreender as necessidades dos clientes internos/externos.

Negociação

Conduzir o entendimento entre partes interessadas em um objetivo, promovendo um canal adequado de comunicação entre as partes, de forma equilibrada, ouvindo e escutando efetivamente, com o objetivo de chegar a um acordo comum e que seja interessante para a organização.

- Apresentar argumentações convincentes para defender os interesses da organização.
- Buscar informações da pessoa ou empresa com a qual vai negociar, para identificar seus interesses.
- Planejar as ações, como alcançar objetivos e alternativas antes de iniciar uma negociação.
- Certificar-se de que a pessoa com quem está negociando compreendeu corretamente sua proposta.

Organização e Planejamento

Ordenar e Planejar ações, ambiente ou equipe de trabalho, priorizando seqüência e forma de execução ou implementação de tarefas ou ações, com a finalidade de facilitar e atingir os objetivos propostos.

- Manter local de trabalho organizado, facilitando a localização de objetos ou documentos.
- Determinar objetivos e metas com prazos possíveis de serem executados.

DEFINIÇÕES DE COMPETÊNCIAS COMPORTAMENTAIS E INDICADORES **147**

- Planejar e priorizar a realização das tarefas, utilizando o tempo de forma eficaz.

Foco em Resultado

Estar comprometido com os objetivos da organização, tomando as providências necessárias para que sejam cumpridos no prazo e com as características planejadas.

- Cumprir metas e atividades estabelecidas.
- Realizar as metas e atividades dentro dos prazos estabelecidos.
- Providenciar as ações necessárias para que as metas e tarefas sejam cumpridas tendo postura ativa, evitando sua não-realização.
- Executar atividades norteadas pelas diretrizes de Missão, Visão e Valores da empresa.

Foco no Cliente

Ter a compreensão de que o cliente é uma das razões do existir da empresa, tomando ações para que seja atendido de forma a promover a aproximação entre cliente e empresa, propiciando sua fidelização.

Comentário

Em Gestão por Competências, Foco no Cliente visa o Cliente Externo. Já os comportamentos referentes ao Cliente Interno devem ficar associados à competência Relacionamento Interpessoal ou Trabalho em Equipe.

- Compreender as necessidades do cliente, tomando as ações necessárias para atendê-lo dentro das diretrizes organizacionais.
- Ser cortês com os clientes.
- Realizar atendimento personalizado ao cliente para que se sinta exclusivo.
- Solucionar de forma rápida os problemas do cliente.

Cultura da Qualidade

Zelar pela qualidade dos processos e buscar melhorias contínuas para o aperfeiçoamento de processos, produtos e serviços, otimizando os resultados em prol dos objetivos organizacionais.

- Executar ações e processos de acordo com as normas e procedimentos da empresa.
- Tomar as providências necessárias para evitar a reincidência de um erro.
- Implementar mudanças em processos ou procedimentos visando a simplificação e a melhoria contínua.
- Manter documentação atualizada.
- Concentrar-se na execução das atividades para evitar erros.

Liderança

Conduzir pessoas e equipes para atingir os objetivos organizacionais, promovendo o desenvolvimento de pessoas, equipes, ambiente e da empresa.

- Promover o desenvolvimento da equipe por meio de ações de capacitação e *feedback*.
- Praticar a descentralização das tarefas preparando as pessoas para assumirem responsabilidades.
- Transmitir os objetivos organizacionais com clareza e objetividade.
- Zelar para que os resultados organizacionais sejam atingidos.
- Transmitir energia e motivação à equipe para superar obstáculos e dificuldades a fim de atingir as metas.

Tomada de Decisão

Identificar e escolher a alternativa mais adequada para a solução de um problema dentro do período ideal da decisão, analisando riscos e oportunidades.

DEFINIÇÕES DE COMPETÊNCIAS COMPORTAMENTAIS E INDICADORES **149**

- Buscar informações com equipe, departamentos ou documentos para a tomada de decisão.
- Ter a percepção de tempo ideal da tomada de decisão, não sendo precipitado e tardio na escolha.
- Analisar os riscos e oportunidades de todas as alternativas possíveis para a tomada de decisão.
- Ser seguro e firme na decisão tomada, promovendo um clima de confiança.

Comunicação

Estabelecer e utilizar meios para transmitir e receber informações faladas, escritas ou visuais, presenciais ou por meio impresso ou eletrônico, de forma clara e objetiva, garantindo o entendimento entre as partes e facilitando a disseminação e compreensão de objetivos.

- Ser claro e objetivo ao expor suas idéias.
- Dar *feedback* de forma adequada.
- Receber *feedback*, compreendendo a visão dos outros sobre seu comportamento.
- Usar linguagem simples, mesmo em assuntos técnicos, sendo possível a compreensão por todos.
- Redigir textos, cartas ou e-mails com clareza.

Trabalho em Equipe

Trabalhar com demais membros da sua equipe, tendo atitudes de colaboração para que todos alcancem os objetivos organizacionais, desenvolvendo um ambiente de colaboração mútua.

- Auxiliar os colegas de trabalhos na resolução de problemas.
- Esclarecer as dúvidas de trabalho dos colegas.
- Compartilhar os conhecimentos adquiridos com a equipe.
- Facilitar o acesso às informações para auxiliar o trabalho dos colegas.

Relacionamento Interpessoal

Interagir com as pessoas de forma empática e respeitosa, mesmo em situações adversas, mantendo um ambiente organizacional agradável e estimulador.

- Ser cortês com os colegas de trabalho.
- Ter equilíbrio emocional em situações adversas, tratando as pessoas de forma respeitosa.
- Tratar as pessoas sem distinção, independentemente do nível hierárquico.
- Facilitar o diálogo e a interação entre as pessoas.
- Respeitar a opinião dos outros.

Flexibilidade

Adaptar-se às mudanças e necessidades emergentes. Rever postura mediante situações e fatos. Rever opinião/conceitos mediante argumentações convincentes.

- Ter postura flexível quando sua idéia não é a que prevalece.
- Aceitar opiniões e sugestões de mudanças que contribuam para a melhoria de produtos, serviços ou processos.
- Ter predisposição para executar tarefas que são solicitadas para a realização de objetivos organizacionais específicos.
- Ser flexível para implantar mudanças necessárias.

Considerações Finais

O instrumento de Gestão do Desempenho não fará absolutamente nada sozinho. Ele depende das pessoas. Trabalhe as pessoas! Invista e acredite que elas não são o problema, mas a solução e a única alternativa para que a empresa possa atingir a Visão.

Cultive os Valores Organizacionais. Cultive a Missão e a Visão. Questione as ações que você executa e procure identificar na Visão da empresa o motivo de executá-la.

Inspire-se no desafio da Visão. Inspire e desafie seus liderados. Não espere que a empresa tenha um RH estratégico, construa você mesmo o RH estratégico, a partir de agora! Implante a Gestão do Desempenho!

Esperamos ter apresentado novas reflexões para você e sua empresa na condução de ter um RH verdadeiramente Estratégico e, também, ter plantado a semente da necessidade, promover a integração dos instrumentos de Gestão de Pessoas e de Estratégia Empresarial pela Gestão do Desempenho. Mas lembre-se:

"A transformação de uma organização somente ocorre com a transformação das pessoas".

É seu papel como gestor e como RH estratégico promover essa transformação alinhada à Visão da sua organização.

Ficamos à disposição do leitor para ouvir seus comentários.

Deixamos nossos contatos e um até breve, quem sabe em um próximo livro, treinamento ou palestra.

Rogerio Leme
rogerio@lemeconsultoria.com.br

Marcia Vespa
marcia@lemeconsultoria.com.br

Leme Consultoria
www.lemeconsultoria.com.br
(11) 4401-1807

Sobre os Autores

Rogerio Leme

Rogerio Leme é tecnólogo, MBA em Gestão de Pessoas pela FGV-SP, empresário, consultor de empresas, autor, palestrante e facilitador de treinamentos.

Como consultor, atua pela Leme Consultoria, empresa do Grupo AncoraRh, especializada em Desenvolvimento Humano e Tecnologia em Gestão de Pessoas, que tem como diferencial, sistematizar os processos de gestão de pessoas e de estratégia empresarial, transformando-as em soluções práticas, inovadoras, acessíveis às empresas, tendo como apoio os *softwares* desenvolvidos pela consultoria, que proporcionam agilidade, qualidade e efetividade nas implantações, atuando em empresas de todos os portes, de origem pública e privada.

Especializado em Gestão por Competências, autor da Metodologia do Inventário Comportamental para Mapeamento de Competências, que utiliza escala comprovada matematicamente para a mensuração de competências comportamentais, reduzindo a subjetividade do processo de mapeamento e avaliação.

Em conjunto com Paula Falcão, consultora e autora de livros de Jogos Corporativos, é autor da Metodologia do BSC-Participativo, uma metodologia que auxilia na implantação do Balanced Scorecard.

Possui os seguintes livros publicados:

○ Aplicação Prática de Gestão de Pessoas por Competências
○ Avaliação de Desempenho com Foco em Competência – A base para a Remuneração por Competências
○ Seleção e Entrevista por Competências com o Inventário Comportamental

- *Feedback* para Resultados na Gestão por Competências pela Avaliação 360º.
- Gestão do Desempenho Integrando Avaliação e Competências com o Balanced Scorecard.

É conferencista, palestrante e facilitador de treinamentos abertos e *in company* em todo o Brasil.

Contatos:
Rogerio Leme
rogerio@lemeconsultoria.com.br
(11) 4401-1807

Leme Consultoria
www.lemeconsultoria.com.br

Marcia Vespa

Marcia Vespa é psicóloga, com extensão em psicodrama, pós-graduada em Marketing, MBA em Gestão de Pessoas pela FGV, com formação e certificação internacional em Coaching Integrado® pelo ICI – Integrated Coaching Institute.

Diretora de Educação Corporativa da Leme Consultoria, empresa que atua nas áreas de desenvolvimento humano e tecnologia em gestão de pessoas com soluções de Recursos Humanos e consultoria em Gestão Empresarial.

Nos 20 anos de trajetória, foi responsável pelas áreas de Recursos Humanos, T&D e Educação Corporativa através das ferramentas de ensino a distância, nas empresas do Grupo Portugal Telecom e do segmento gráfico.

Como consultora, atuou em empresas como 3M do Brasil, PPG Industrial Tintas e Vernizes, Mark Up, Vivenda do Camarão, Noah Gastronomia (Blue Tree Hotels), Gafor, Invitrogen, VR Vales, com trabalhos dirigidos à capacitação de líderes, formação de educadores internos, avaliação de desempenho com foco em competências, venda consultiva, encantamento a clientes, entre outros, com grande destaque para o desenvolvimento das lideranças e equipes, tornando-se referência no mercado nacional e *benchmarking* global em empresas multinacionais.

Contatos:
Marcia Vespa
marcia@lemeconsultoria.com.br
(11) 4401-1807

Leme Consultoria
www.lemeconsultoria.com.br

Outros livros de Rogerio Leme

Aplicação Prática de Gestão de Pessoas por Competências

Esse livro é o Guia para Gestores de Pessoas e de Recursos Humanos no que se refere à Gestão por Competências. Através de uma metodologia extremamente simples, Inventário Comportamental para Mapeamento de Competências, o autor apresenta ferramentas práticas, acessíveis e realmente possíveis de serem implementadas, atendendo às seguintes expectativas:

- Mapeamento de Competências.
- Avaliação com Foco em Competências.
- Treinamento com Foco em Competências.
- Seleção por Competências.

A obra apresenta ainda caminhos concretos para que sejam mensurados e comprovados os Resultados de Treinamentos.

Um dos destaques é a comprovação matemática da metodologia que elimina a subjetividade existente nos processos tradicionais de mapeamento. É a única metodologia comprovada matematicamente disponível na literatura.

Através de uma linguagem simples, essa obra atende ao interesse e às necessidades de gestores de todos os portes de empresa, sem exceção, servindo também como referência para o nível acadêmico.

Aplicação Prática de Gestão por Competências tem uma meta ambiciosa, porém realista: Fazer com que o leitor possa realmente implantar Gestão por Competências utilizando os recursos da sua própria empresa.

Avaliação de Desempenho com Foco em Competência – A Base para a Remuneração por Competências

Esse livro apresenta uma ampliação do conceito de competência que vai além do tradicional CHA – Conhecimento, Habilidade, Atitude –, visualizando o que o colaborador efetivamente entrega para a organização. É o conceito de Entrega.

Esse conceito é fundamental para que as empresas tenham argumentos precisos para avaliar o Desempenho do Colaborador, mas não como no método tradicional de avaliação de desempenho, e sim a Avaliação de Desempenho com Foco em Competências.

Após diversos estudos e pesquisas, foi observada a escassez de literatura que apresente, de forma clara, prática e objetiva, como efetivamente implantar a Remuneração por Competências. Há, sim, muitas literaturas, mas elas não detalham como fazer e, principalmente, a possibilidade de aplicação coerente com a estrutura das empresas; a "Avaliação de Desempenho com Foco em Competência" vem suprir essa lacuna.

O objetivo dessa obra é apresentar, de forma didática e prática, a construção de ferramentas de avaliação que, juntas, vão compor o Coeficiente de Desempenho do Colaborador, que retrata a sua entrega à organização de forma alinhada ao conceito de ampliação do CHA das competências, sendo este uma referência comprovada para a Remuneração com Foco em Competências.

Por meio de uma linguagem simples, esse livro atende ao interesse e às necessidades de gestores de todos os portes de empresa, sem exceção, servindo também como referência para o nível acadêmico.

Seleção e Entrevista por Competências com o Inventário Comportamental – Guia Prático do Processo Seletivo para a Redução da Subjetividade e Eficácia na Seleção

Trata-se de um guia prático para os profissionais ou empresas que já atuam ou possuam recrutamento e seleção e queiram se aprimorar e, também, assim como para Gestores de Pessoas, profissionais iniciantes ou empresas que queiram implantar essa ferramenta. Também é recomendado para estudantes e professores para servir como referencial e suplemento didático.

A Metodologia apresentada propõe uma ampliação do conceito de Competências, indo além do CHA – Conhecimentos, Habilidades, Atitudes –, trazendo a identificação no candidato de Competências Técnicas e Comportamentais, Resultados, grau de Complexidade e ainda com Valores, identificando a compatibilidade entre o candidato, perfil da vaga e Cultura Organizacional.

Feedback para Resultados na Gestão por Competências pela Avaliação 360º – Guia Prático para Gestores do "Dar e Receber" Feedback e a Transformação em Resultados

Feedback para Resultados é um guia prático para a implantação da ferramenta de Avaliação Comportamental através da Avaliação 360º e do preparo de gestores de como "dar e receber" *feedbacks* de forma a promover a transformação de equipes para o alcance dos resultados organizacionais.

Utilizando uma linguagem clara e direta, esse livro contribui para a atualização de instrumentos importantes do RH e sua adaptação à realidade e exigência do mercado globalizado em que vivemos.

Feedback para Resultados é recomendado para gestores, RH, professores e estudantes de diversas áreas, entre elas Recursos Humanos e Administração, enfim, a todos os profissionais que lideram equipes e precisam promover a transformação de resultados nas organizações.

Bibliografia

ASSIS, Marcelo Tadeu de. **Indicadores de Gestão de Recursos Humanos – Usando Indicadores Demográficos, Financeiros e de Processos na Gestão do Capital Humano**. Rio de Janeiro: Qualitymark Editora.

BECKER, Brian E. / Huselid, Mark A. / Ulrich, Dave. **Gestão Empresarial de Pessoas com " Scorecard" – Interligando Pessoas, Estratégia e Performance**. Rio de Janeiro: Editora Campus.

BENI, Bettyna P. B. Gau / Lucheti, Wilson David / Poerner, Marcos. **Avaliação dos Resultados em Treinamento Comportamental**. Rio de Janeiro: Qualitymark Editora.

DUTRA, Joel Souza. **Competências**. São Paulo: Editora Atlas.

DUTRA, Joel Souza. **Gestão por Competências**. Rio de Janeiro: Editora Gente.

FLEURY, Maria Tereza Leme / Fischer, Rosa Maria. **Cultura e Poder nas Organizações** – 2º Edição. São Paulo: Editora Atlas.

GIL, C. A, **Gestão de Pessoas.** São Paulo: Editora Atlas S.A., 2001.

KAPLAN, Robert S.; NORTON, David P. **The Balanced Scorecard – Measures that Drive Performance**. Harvard Business Review, v. 70, n. 1, pp. 71-79. January/February, 1992.

KAPLAN, Robert S.; NORTON, David P. **A Estratégia em Ação**, 8ª ed. Rio de Janeiro: Campus, 1997.

KAPLAN, Robert S.; NORTON, David P. **Organizações Orientadas para a Estratégia**. Rio de Janeiro: Campus, 2001.

KAPLAN, Robert S.; NORTON, David P. **Kaplan e Norton na Prática**. Rio de Janeiro: Elsevir, 2004.

KAPLAN, Robert, S. *Measuring Manufacturing Performance:* **A New Challenge for Managerial Accounting Research**. The Accounting Review, 1983.

LE BOTERF, GUY. **Desenvolvendo a Competência dos Profissionais**. Editora Bookman.

LEME, Rogerio. **Aplicação Prática de Gestão de Pessoas por Competências – Mapeamento, Treinamento, Seleção, Avaliação e Mensuração de Resultados de Treinamento**. Rio de Janeiro: Qualitymark Editora.

LEME, Rogerio. **Avaliação de Desempenho com Foco em Competências – A Base para Remuneração por Competências**. Rio de Janeiro: Qualitymark Editora.

MINOR, Marianne. **Coaching para o Desenvolvimento – Habilidades para Gerentes e Líderes de Equipe**. Rio de Janeiro: Qualitymarck Editora.

OLIVEIRA, Djalma de Pinho Rebouças de. **Planejamento Estratégico – Conceitos, Metodologias e Práticas**. São Paulo. Editora Atlas, 1995.

SOUZA, Vera Lúcia. et. al. **Gestão de Desempenho**. Rio de Janeiro: Editora FGV, 2005.

QUALITYMARK EDITORA

Entre em sintonia com o mundo

QUALITYPHONE:
0800-0263311
Ligação gratuita

Qualitymark Editora
Rua Teixeira Júnior, 441 - São Cristóvão
20921-405 - Rio de Janeiro - RJ
Tel.: (21) 3295-9800
Fax: (21) 3295-9824
www.qualitymark.com.br
E-mail: quality@qualitymark.com.br

Dados Técnicos:

• Formato:	16×23cm
• Mancha:	12×19cm
• Fontes:	Helvética
• Corpo:	11
• Entrelinha:	13,6
• Total de Páginas:	184
• 2ª Reimpressão:	2015